KB092302

도 쿄
전 범
재판정
참관기

도쿄 전범재판정 참관기
70여 년 전, 연합국 재판부와 일본인 전범들이 벌인 역사적 재판 속으로!

초판 1쇄 발행 2020년 2월 10일
초판 3쇄 발행 2022년 1월 10일

엮은이   김흥식
펴낸이   이영선
책임편집   김종훈

편집   이일규 김선정 김문정 김종훈 이민재 김영아 김연수 이현정 차소영
디자인   김회량 이보아
독자본부   김일신 정혜영 김민수 박정래 손미경 김동욱

펴낸곳 서해문집 | 출판등록 1989년 3월 16일(제406-2005-000047호)
주소 경기도 파주시 광인사길 217(파주출판도시)
전화 (031)955-7470 | 팩스 (031)955-7469
홈페이지 www.booksea.co.kr | 이메일 shmj21@hanmail.net

ⓒ김흥식, 2020
ISBN 978-89-7483-007-6 43910

이 도서의 국립중앙도서관 출판예정도서목록(CIP)은 서지정보유통지원시스템 홈페이지(http://
seoji.nl.go.kr)와 국가자료공동목록시스템(http://www.nl.go.kr/kolisnet)에서 이용하실 수
있습니다.(CIP제어번호: CIP2020001834)

도쿄
전범
재판정
참관기

70여 년 전, 연합국 재판부와
일본인 전범들이 벌인
역사적 재판 속으로!

김흥식 엮음

서해문집

일러두기

- 이 책은 도쿄 전범재판을 진행한 극동국제군사재판소의 설립 과정과 도쿄 전범재판에서 진행된 주요 내용을 다루었다.
- 재판 기록을 전부 다루기에는 그 분량이 매우 방대해, 이 책은 도쿄 전범재판 진행 과정의 전반적 얼개와 주요 전범과 관련된 일반적 기록을 다루었다.
- 한자 표기는 한국식 한자 표기를 원칙으로 했으나, 인명·고유명사 원문 등을 제시할 때는 일본식·중국식 한자 표기도 일부 사용했다.
- 이 책에 사용한 사진 자료의 대부분은 저작권이 소멸하였거나 허락을 받은 것들이다. 일부 저작권을 찾지 못한 사진 자료에 대해서는 정해진 절차에 따라 이용 허락을 받을 예정이다.

서 문

흔히 '도쿄 재판'으로 알려져 있는 이 재판의 공식 명칭은 '극동국제
군사재판(International Military Tribunal for The Far East)'이다. 그 외에
'도쿄東京 전범재판戰犯裁判'이라고도 불린다. 나치 독일의 전범들
을 심판한 뉘른베르크 재판과 비교해 일본에서는 도쿄 재판이라는
명칭을 일반적으로 쓰지만, 현대 한국인 독자들의 눈에 '도쿄 재판'
은 도쿄에서 행해진 재판이라는 다소 중립적인 의미만이 전달될 뿐
이다. 그렇기에 도쿄 재판에서 법의 심판을 받은 대상이 전쟁범죄
자(전범)임을 고려하여, 이 글에서는 '도쿄 전범재판', 전범재판이 이
루어진 장소를 '전범재판정'이라고 통칭하고자 한다.

　　도쿄 전범재판은 1946년 1월 19일 〈극동국제군사재판소 설
치에 관한 명령〉에 부속된 〈극동국제군사재판소 헌장〉에 근거해 설
치됐다. 전범재판은 평화에 대한 죄, 통상의 전쟁범죄, 인도人道(hu-
manity)에 대한 죄로 기소된 중대 전쟁범죄자를 심리·처벌하고자
하는 목적으로 실시됐다. 〈극동국제군사재판소 헌장〉에 의거하여

1946년 2월, 연합국 최고사령관 더글러스 맥아더Douglas MacArthur
가 임명한 윌리엄 웨브William Webb 재판장을 비롯한 재판관 열한
명과 조지프 키넌Joseph Keenan 수석검사를 필두로 한 검사 30여 명
이 활동을 시작했다. 이후 1946년 4월 29일 도조 히데키東條英機를
비롯한 피고인 스물여덟 명을 A급 전범 용의자로 정식 기소했다.

　도쿄 전범재판은 1946년 5월 3일 심리를 시작해 1948년 4월
16일 마무리했다. 2년 가까운 기간에 총 4336건의 문서가 증거로
서 법정에 수리됐고, 419명의 증인이 재판에 나와 증언했으며, 779
명의 증인이 서면으로 증언했다. 영문으로 작성된 법정 속기록만
해도 약 5만 쪽에 이르는 방대한 양이다.

　그리고 7개월이 지난 1948년 11월 〈최종판결문〉이 낭독됐다.
그 결과 심리 도중 사망한 마쓰오카 요스케松岡洋右, 나가노 오사미
永野修身와 재판정에서 도조 히데키의 뒤통수를 때리는 등 이상 행
동을 보인 오카와 슈메이大川周明를 제외한 스물다섯 명 전원의 유
죄를 인정하고, 일곱 명에게 사형(교수형), 열여섯 명에게 종신형, 한
명에게 금고 20년, 한 명에게 금고 7년형을 선고하면서 재판은 막
을 내렸다. 그리고 1948년 12월 23일 사형이 선고된 일곱 명의 형
이 집행됐다.

　이처럼 도쿄 전범재판에는 무수히 많은 사람이 판사, 검사, 변
호인, 피고인, 증인, 방청객, 기자 등의 자격으로 참여했다. 그러나
도쿄 전범재판정에는 일본제국주의 침략의 가장 큰 피해자였던 한
국인의 자리는 없었다. 대한민국임시정부와 의열단 등 여러 독립운

동이 있었는데도 한국은 일본에 맞서 전쟁을 한 연합국으로서의 국제적 지위를 인정받지 못했기 때문이다. 도쿄 전범재판은 연합국, 특히 일본과 전쟁하는 데 가장 중요한 역할을 한 미국 주도로 이루어졌기 때문에, 한국을 비롯해 많은 아시아 국가는 일본에 가장 큰 피해를 입었는데도 재판에서 자신들의 의견을 개진할 기회마저 얻지 못했다.

이와 같은 상황은 일본의 침략으로 가장 큰 피해를 보았다고 여기는 한국 국민이 이해하기 힘든 일일지 모른다. 한국은 일본의 식민지였기에 역설적으로 피해국가로서의 지위를 국제적으로 인정받지 못했다. 피해자로 인정받기는커녕, 오히려 강제 연행돼 일본군의 일원으로 참전한 후 연합군과 싸울 수밖에 없었던 많은 식민지 조선인이 '일본인'으로서 B·C급 전범으로 처벌을 받는 어이없는 상황이 연출되기도 했다.

또 도쿄 전범재판은 전범을 대상으로 하는 군사재판이었기 때문에 제2차 세계대전에서의 '군사적' 행동에 한정하여 이를 일으킨 주동자를 대상으로 개최됐다. 한일강제병합 시점부터 일본이 조선인을 상대로 저지른 여러 범죄 행동, 즉 한일강제병합이나 3·1운동의 폭력 진압, 강제 징집과 징용, 위안부 문제, 위협적인 창씨개명 등은 재판 대상이 되지 못했다.

이후 일본에서는 도쿄 전범재판이 승자의 논리로 일방적으로 이루어졌다는 반감에서 일본이 전쟁의 가해자가 아니라 피해자였다는 전도된 논리도 등장했다. 이는 아베 신조阿部晋三 정권이 일본의 우경화를 추동하는 강력한 힘이기도 하다.

그렇다면 도쿄 전범재판에서 주도적이지 못했던 아시아의 피해 당사자는 모두 침묵했을까? 그렇지 않다. 우선 중국을 보자. 도쿄 전범재판 과정에서 일본이 중국(당시 중화민국)에서 자행한 난징대학살과 같은 온갖 범죄행위가 상세히 열거됐다. 이는 일본이 중국을 대상으로 벌인 여러 침략행위와 학살행위가 국제법의 범주를 넘어선 만행이라는 점이 국제적으로 인정됐기 때문이다. 그런 연유에서 중국에서는 오히려 '도쿄 재판'보다 '도쿄 심판東京審判'이라는 말이 널리 사용된다. 이 용어에는 중국이 도쿄 전범재판을 통해 전범들을 적극적으로 심판했다는 의미가 내포돼 있다. 또한 중국은 1945년 〈적인죄행조사변법〉(1945년 9월 14일 공포)을 시행하여 자체적으로 중국 내에서의 전범 용의자들을 처벌하기도 했다.

필리핀에서는 필리핀인을 중심으로 한 독자적인 군사법정을 설치해 자신들의 힘으로 전범재판을 실시했고, 필리핀 민간인들에게 비인도적 행위를 자행한 자들을 처벌했다. 인도네시아, 말레이시아, 미얀마(당시 버마) 등은 전범재판의 주체는 아니지만, 영국(〈전쟁범죄인재판규정〉, 1945년 6월 14일 공포)이나 네덜란드(〈전쟁범죄소송법〉, 1945년 8월 3일 공포)와 같은 식민 본국에 의한 전범재판이 이루어져서 제한적인 형태로나마 가해자들을 심판했다.

그러나 우리는 한반도에서 일어난 불법적이고 비인도적인 폭력행위의 당사자인 그 어떤 일본인도 우리 힘으로 처벌하지 못했다. 일본인을 처벌하지 못했을 뿐 아니라 친일반민족분자들에 대한 처벌도 유야무야된 아픈 역사가 있다. 이러한 역사적 기억 때문에 이제껏 한국은 일본에 대해 품고 있는 적대적 감정과는 별개로, 가해자인 일본 군국주의자들을 단죄한 도쿄 전범재판에 큰 관심을 기울이지 않았던 것으로 판단된다. 우리가 입은 피해를 다루지 않았다는 이유로 말이다.

그러나 역사를 이해하는 일은 감정과는 별개의 이성적 행위다. 아픈 상처를 치유하지 못했다면 더더욱, 그 상처의 근원과 치유할 수 없었던 까닭을 이해하는 과정이야말로 또다시 그런 아픔을 겪지 않도록 면역력을 키우는 일일 것이다. 우리가 겪은 아픔을 다루지 않았을 뿐 아니라, 단 한 명의 한국인도 참석하지 않은 도쿄 전범재판을 참관하는 일은 괴롭고 안타깝다. 그러나 그렇기 때문에 더더욱 우리는 이 재판을 참관해야만 한다. 그래야만 앞으로 우리가 다시는 국제사회에서, 나아가 우리 역사의 미래에서 소외되지 않기 위해서 어떤 길을 가야 하고 어떻게 노력해야 하는지 깨달을 수 있기 때문이다.

마지막으로 덧붙일 말은 앞으로 펼쳐질 '도쿄 전범재판정 참관기' 전 과정에 우리 시각에서 바라보는 감정적 평가와 주관적 판단이 더는 개입하지 않을 것이라는 점이다. 다시 말해 이 서문을 제외하고는 우리 입장에서 재판을 바라보거나 평가하는 일은 없다는 말이다. 따라서 독자 여러분께서는 자유롭게 이 도쿄 전범재판, 나아가 제2차 세계대전과 그 결과로 전개된 동아시아의 정치외교 차원의 변화를 평가했으면 좋겠다. 도쿄 전범재판 전 과정을 압축한

이 책의 마지막 장을 덮으면서 그러한 평가가 가능해지면 좋겠다는 것이 엮은이로서 작은 소망이다.

도쿄 전범재판에 관한 자료는 과장해서 말한다면 작은 산더미를 이룰 만큼 많다고 할 수 있다. 따라서 그 모든 내용을 살펴보는 일은 일반 시민의 몫이 아니다. 이 작은 책 한 권을 엮기 위해 살펴본 자료만도 영문, 일문 자료를 포함하여 상상을 초월하는 분량이었다. 그래서 엮은이로서는 안타까운 마음을 금할 수 없다. 이 많은 자료를 다 보여 드리고 싶고, 재판과 관련한 무수한 사진과 문서 등도 모두 제공함으로써 모든 대한민국 국민이 직간접적으로 겪은 일제강점기를 현장감 넘치게 이해하시길 바랐기 때문이다.

그러나 세상 모든 일은 절제의 미덕 안에서 더욱 극적으로 나타난다는 믿음을 가지며, 구우일모九牛一毛에 지나지 않는 자료를 통해 독자 모두를 세기의 재판이 벌어지는 역사의 생생한 현장으로 안내하기로 한다. 참고한 자료는 따로 목록을 만들어 표시해 두었다.

마지막으로 이 책을 내는 데 산더미와 같은 일문 자료를 번역하고 해석하여 도움을 준 김지형 씨에게 깊은 감사를 드린다.

도쿄 전범재판의 후반전

판결 이후

재판정 참관 전에
알아 두어야 할
내용

국내법과 국제법의
차이

법은 크게 한 국가 내에서 통용되는 국내법과 국가 간의 관계에서
통용되는 국제법으로 나눌 수 있다. 국내법과 국제법의 가장 큰 차
이는 국내법체계에서는 법을 제정하는 입법부와 법을 집행하는 사
법부가 명시적으로 존재한다면, 아직 세계정부가 수립되지 않은 국
제법체계에서는 입법기관과 사법기관이 존재하지 않는다는 점이
다. 이 때문에 국제법은 대개 국가 간 합의의 표현인 '조약'을 통해
만들어지거나, 국제적으로 통용되는 '국제관습법'에 의거하여 법이
존재한다고 말할 수 있다.

　　그렇기 때문에 국가와 국가 간의 합의가 존재하지 않으면 국
제법에 의거한 판결도 이루어지지 않는다. 예를 들어 일본이 한국
과 독도 문제를 두고 국제사법재판소(International Court of Justice)에

▌네덜란드 헤이그의 국제사법재판소

서 재판을 받자고 일방적으로 주장한다고 한들, 재판의 또 다른 당
사자인 한국이 이에 동의하지 않으면 재판이 진행되지 않는다. 그
만큼 국제법에서는 당사국 모두의 합의가 무척 중요하다.

 그렇기에 국제법 역사에서 한 국가가 다른 한 국가의 행위를
범죄로 규정하여 법적으로 처벌하기 시작한 것은 그리 오래되지 않
았다. 오히려 대부분의 전쟁은 기존에 확립된 〈전후 처리 원칙〉에
따라 처리됐다. 전쟁은 국가가 선택할 수 있는 정치적 수단이자 권
리였기 때문에 당연히 이를 처벌한다는 생각도 존재하지 않았다.
그러나 두 차례의 세계대전이 발발하면서 전쟁을 일종의 '범죄'행
위로 처벌해야 한다는 생각이 서서히 인류의 마음속에서 싹텄다.

〈전후 처리 원칙〉

유럽사의 전통에서 형성된 전쟁 종식 절차는 최고 군사지도자들이 중심이 돼 군사적 차원의 정전협정을 체결하고, 정치외교적 차원의 평화회의(강화회의)를 통해 전쟁 상태를 평화 상태로 만드는 것이었다. 예를 들어 제1차 세계대전의 경우에는 1918년 11월 11일 정전협정이 체결되고, 1919년 6월 베르사유에서 평화회의가 개최됐다.

평화회의에서는 크게 세 가지 원칙이 적용됐다. 첫째 우티 포시데티스 Uti possidetis다. 이 종전 방식은 전시에 서로가 '소유한 만큼'의 공간을 서로 인정하고 종전하는 것을 의미한다. 평화조약 체결 당시의 세력권을 서로 인정하고 전쟁을 마무리하는 방식이다. 주로 전쟁 당사자 간의 세력이 비등할 때 이루어진다. 한국전쟁이 1953년 7월 시점의 군사분계선을 기준으로 휴전 상태에 들어간 것을 예로 들 수 있다.

둘째 스타투스 쿠오 안테 벨룸Status Quo Ante Bellum으로, 소유하고 있는 공간을 '전쟁 전의 상태로 환원'함으로써 종전하는 방식이다.

셋째 전쟁 책임에 따른 공간의 징벌적 축소다. 전승국들이 패전국이 차지하고 있는 공간을 전쟁 이전 상태로 환원하는 것을 넘어서 징벌적 차원에서 축소하는 것을 의미한다. 이는 전쟁 자체가 일종의 '범죄'라는 생각과 맞닿은 사고방식이다. 이를 위해서는 전쟁을 일으킨 국가의 '무조건 항복'을 통해서 전승국이 전후 처리와 관련한 전권을 획득해야만 한다.

일본의 전쟁은 세 번째 유형으로 처리됐다고 할 수 있다. 그 결과 일본은 〈카이로선언(Cairo Declaration)〉(1943)에 따라 청일전쟁(1894~1895) 이후

부터 획득해 온 모든 해외 영토를 상실했다. 일본이 1945년 8월 15일 연합국의 〈포츠담선언〉을 수락함으로써 군사적 차원에서 정전협정이 맺어졌으며, 일본은 1951년 〈샌프란시스코 평화조약〉을 통해서 공식적으로 전쟁을 종식하고 국제사회로 복귀할 수 있었다.

〈카이로선언〉

루스벨트Franklin Roosevelt 대통령, 장제스蔣介石 대원수, 처칠Winston Churchill 수상은 각자의 군사 외교 고문과 함께 카이로에서 회의를 마쳤고, 다음과 같이 일반적 성명을 발표했다.

수차례에 걸친 군사관계 회의에서 일본을 상대로 한 앞으로의 군사작전에 대해 상호 의견이 일치했다. 3대 연합국은 야만적 적국에 대해 해상과 육지, 그리고 영공(공중)에서 가차 없는 압력을 가할 결의를 표명했다. 이에 이 압력은 증대돼 가고 있다.

3대 연합국은 일본의 침략을 제지하고 이를 벌하기 위해 지금의 전쟁을 수행하고 있는 바다. 연합국은 자국을 위한 이득을 추구하지 않으며 영토 팽창의 야심 또한 없다.

연합국의 목적은 1914년 제1차 세계대전이 발발한 이후 일본이 강탈했거나 점령해 온 태평양의 모든 섬을 몰수하는 데 있으며, 또 일본이 중국에서 탈취한 모든 영토를, 예를 들어 만주, 타이완, 펑후제도 등을 중국에 반환하는 데 있다. 일본은 또한 폭력과 탐욕으로 탈취한 다른 모든 영토에서도 추방

■ 카이로회담 당시 장제스, 루스벨트, 처칠(왼쪽부터)

당할 것이다.

앞에서 말한 이 3대 연합국은 조선 인민의 노예 상태에 유의하여 적당한 시기에 조선을 자유롭게 독립시킬 것을 결정한다.

이 목적을 위해 3대 연합국은 일본과 교전 중인 동맹 제국諸國과 협조하여 일본이 무조건 항복하는 데 필요한 중대하고도 장기적인 작전을 지속적으로 감행해 나갈 것이다.

특히 제2차 세계대전은 독일·이탈리아·일본이 이룬 추축국의 '무조건 항복'으로 끝난 전쟁이었다. 그렇기에 전쟁에서 승리한 연합국 진영은 국제군사법정을 설치하여 추축국의 전쟁 책임을 따질 수 있었다.

그런 의미에서 나치 독일과 일본 군국주의자들에게 전쟁의 책임을 묻기 위해 개최된 두 재판은 역사적으로도, 국제법적으로도 매우 중요한 사건이었다. 유사 이후 전쟁 책임을 묻는 법정이 처음으로 열렸기 때문이다.

제2차 세계대전을 일으킨 국가이자 패전국인 독일과 일본 지도자들에게 전쟁 책임을 묻기 위해 개최된 뉘른베르크 전범재판과 도쿄 전범재판 이전에 전쟁을 일으킨 당사자에게 법적 책임을 물어 유죄를 선고한 사례는 없었다.

그러나 두 재판은 평등한 법적 관계에 기초를 둔 중립적인 의미의 국제 재판이 아니라, 전쟁의 승자가 전쟁의 패자를 심판했다는 점에서 논쟁의 불씨를 남겼다.

전쟁의 법적 책임을 묻는 전례 없는 재판인 만큼, 이러한 재판이 합리적인지 또 법적 책임을 묻는 것이 옳은지에 대해 다양한 의견이 존재했다. 특히 법치주의 국가에서 중요하게 여기는 법률불소급원칙, 즉 행위가 벌어질 시기에는 존재하지 않던 법을 사후事後에 제정한 후 그 법으로 이전 행위를 처벌할 수 있는가와 죄형법정주의에 위배되지 않았는가 하는 점이 국제적으로 큰 관심사였다.

그 외에도 전쟁이라는 행위를 법적으로 처벌할 수 있는가 하

뉘른베르크 전범재판

뉘른베르크 재판의 공식 명칭은 뉘른베르크 국제군사재판(International Military Trial at Nuremberg 또는 Nuremberg International Military Tribunal) 또는 뉘른베르크 전범재판(Nürnberger Prozess gegen die Hauptkriegsverbrecher)이다.

뉘른베르크는 나치 독일과 매우 관련이 깊은 도시다. 레니 리펜슈탈Leni Riefenstahl이 만든 유명한 나치 독일 선전영화인 〈신념의 승리(Der Sieg Des Glaubens)〉와 〈의지의 승리(Triumph Des Willens)〉는 뉘른베르크에서 개최된 나치 전당대회를 기록한 것이다. 1935년 9월 15일 뉘른베르크 전당대회에서는 반유대주의를 표방한 〈뉘른베르크 인종법〉이 제정돼 홀로코스트Holocaust의 포문을 열기도 했다.

▌ 뉘른베르크 전범재판정 모습

연합국은 나치 독일의 상징성이 큰 뉘른베르크에 전범재판소를 설치하여 나치 독일의 잔재를 철저하게 뿌리 뽑고자 했다.

1945년 11월 20일부터 1946년 10월 1일까지 개최된 재판에서 기소된 피고인 수는 스물네 명인데, 한 명은 구금 중 자살했고 또 한 명은 질병으로 재판이 연기됐다가 후에 사망했기 때문에 스물두 명에 대해서만 선고가 내려졌다.

선고 결과는 교수형 열두 명, 종신금고형 세 명, 10~20년에 이르는 유기형 네 명, 무죄 세 명이었다.

이에 그치지 않고 1946년 12월부터 1949년 3월까지 후속 재판이 개최됐는데, 이 재판은 유대인 학살과 전쟁 과정에서 발생한 여러 학살에 대한 책임 규명이 주요 내용이었다. 이때 기소된 인물은 185명이었으며, 스물다섯 명에게 사형, 스무 명에게 무기징역이 선고됐다.

❙ 뉘른베르크 전범재판이 열린 법원

는 문제, 전쟁의 책임자로 소추訴追된 개인은 전쟁 당사국인 국가의 구성원으로서만 행동했을 뿐인데, 국가 대신 개인에게 죄를 물을 수 있는가 하는 문제, 그리고 재판을 담당하는 법원이 전쟁에서 승리한 연합국 측 인물만으로 구성돼 피고인들에게 불리할 수밖에 없다는 문제 등이 제기됐다.

그렇다면 당시 재판정은 이 문제를 어떻게 해결했을까?

전쟁범죄
정의하기

사실 제2차 세계대전의 전쟁범죄를 처벌하기 전에도 전쟁범죄를 처벌하는 국제법 규정이 없지는 않았다. 이를 위해서는 국제법에서 정의되는 전쟁범죄의 개념을 살펴봐야 한다.

전쟁범죄에는 좁은 의미의 범죄와 넓은 의미의 범죄가 있다. 좁은 의미의 전쟁범죄는 전시범죄戰時犯罪로, 〈전투법규〉에 위배되는 행위에 대해 교전국은 행위자를 체포하여 처벌할 수 있다. 대표적인 예로, ① 교전국의 병력 구성원이 〈전투법규〉를 위반하는 경우(독가스 또는 기타 금지된 병기 사용, 평화적인 인민을 살상하고 그 재산을 약탈하거나 파괴하는 일, 포로나 상이병사를 학대하는 일, 〈적십자조약〉 위반 등), ② 교전국의 정규군이 아닌 사람이 무기를 들고 적대행위를 할 경우(점령군에 대한 주민의 적대행위 등), ③ 간첩행위와 전시반역(적에게 금전·

물품·노력·정보 등을 임의로 주는 일, 적의 이익을 위해 군용의 교통·통신기관 등을 제공 또는 파괴하는 일 등), ④ 전장에서 전리품을 취득하는 행위 등을 들 수 있다.

그러나 제2차 세계대전의 전쟁범죄를 처벌한 항목은 이러한 좁은 의미의 전쟁범죄가 아니었다. 제2차 세계대전에서 전쟁범죄를 저지른 자들을 처벌하기 위해서 적용한 범죄는 ① 평화에 대한 죄, ② 통상의 전쟁범죄, ③ 인도에 대한 죄로 구성된다. 특히 ①과 ③은 뉘른베르크 전범재판과 도쿄 전범재판에서 처음 적용됐다. 그리고 이러한 범죄에 대해 이전에 성문화成文化된 법이 존재하지 않았기 때문에 뉘른베르크 전범재판과 도쿄 전범재판 과정 내내 이 두 항목의 적용을 둘러싸고 논쟁이 일어났다.

도쿄 전범재판소
설치 근거

현재의 국제사회에는 국제형사재판소(International Criminal Court)가 상설 설치돼 있어서, 제한적이기는 하지만 제노사이드(집단살해), 인도에 대한 죄, 전쟁범죄, 침략범죄 등을 범한 인물이나 단체 등을 국제법에 따라 처벌하는 일이 가능하다.

그러나 일본의 항복으로 제2차 세계대전이 끝날 무렵에는 국제형사재판소는 물론이거니와 우리에게 익숙한 국제연합도 본격

전범의 분류

전범, 즉 전쟁범죄자는 A급, B급, C급으로 구분됐는데, 이를 범죄의 정도를 나타내는 것이라고 잘못 알고 있는 경우가 많다. 전범의 구분은 범죄의 정도가 아니라 범죄의 종류에 따른 것이다. 그렇다면 A급, B급, C급은 각기 어떤 범죄를 저질렀다는 혐의를 받았을까?

앞서 살펴본 전쟁범죄 구분에 따라 A급 전범은 '평화에 대한 죄'를 범한 자, B급 전범은 '통상의 전쟁범죄'를 범한 자, C급 전범은 '인도에 대한 죄'를 범한 자로 구분했다.

그 결과 A급 전범에 비해 B·C급 전범이 더 강력한 처벌을 받은 경우도 허다했다. 일본군에 입대해 활동한 한국인 가운데 스물세 명이 사형 판결을 받고 세상을 떠난 것만 보더라도 알 수 있듯이 A급, B급, C급은 꼭 범죄의 정도를 나타내지 않는다.

그렇다고 해서 A급, B급, C급이 단순히 범죄의 종류만을 나타낸다고 볼 수도 없다. 왜냐하면 '평화에 대한 죄'를 범하면, 자연스럽게 통상의 전쟁범죄와 인도에 대한 죄를 범하게 되기 때문이다. 그렇기에 A급 전범은 세 가지 죄가 모두 적용됐다고 볼 수도 있다.

그래서 구체적으로 A급 전범은 국제조약을 위반하여 침략전쟁을 기획·시작·수행한 자, B급 전범은 〈전쟁법〉과 전쟁관습법을 위반하고 살인·포로 학대·약탈 등을 저지른 자, C급 전범은 상급자의 명령에 따라 고문과 살인을 직접 행한 자로 분류했다.

재판도 따로 이루어졌는데, A급 전범은 도쿄 전범재판에서 처리됐고

B·C급 전범은 연합군의 포로로 수용된 나라에서 처리됐다. 이들 재판정은 일본의 요코하마, 필리핀의 마닐라, 중국의 상하이, 마리아나제도의 괌, 마셜제도의 콰젤렌에 설치됐다.

한국인 중 3323명이 일본군에 복무하며 동남아시아의 연합군 포로수용소에 감시원으로 강제 동원됐는데, 종전 후 148명이 포로 학대 혐의를 받고 B·C급 전범으로 기소됐다. 그 가운데 스물세 명은 사형 선고를 받고 처형당했으며, 125명은 수형생활을 했다. 한국인 '전범'은 전쟁이 끝나기 직전 다른 곳으로 전출돼 처벌을 면한 일본군과는 달리 끝까지 포로 관리 차원에서 현지에 남아 있다가 처벌을 받곤 했다. 그리고 당시 일본군의 포로가 된 이들이 포로 관리인들에게 적대감을 가질 수밖에 없었던 것이 한국인 '전범'이 무거운 처벌을 받은 가장 중요한 이유였다고 할 수 있다.

B·C급 전범재판, 재판국별 판결 일람

재판국	재판 수(건)	인원(명)	사형(명)	무기(명)	유기(명)	무죄(명)	그 외(명)
미국	456	1453	143	162	871	188	89
영국	330	978	223	54	502	116	83
오스트레일리아	294	949	153	38	455	267	36
네덜란드	448	1038	236	28	705	55	14
프랑스	39	230	63	23	112	31	1
필리핀	72	169	17	87	27	11	27
중국	605	883	149	83	272	350	29
합계	2244	5700	984	475	2944	1018	279

| 네덜란드 헤이그의 국제형사재판소

적으로 기능하지 못했다(국제연합은 1945년 10월 24일 공식 창설). 그렇다면 제2차 세계대전이라는 전쟁범죄를 범한 이들을 처벌할 수 있던 법적 근거는 무엇일까?

〈파리부전조약〉

먼저 〈파리부전조약不戰條約(General Treaty for the Renunciation of War as an Instrument of National Policy)〉을 들 수 있다. 1928년 8월 27일에 체결된 조약으로, 영문 조약 명칭 그대로 국가정책으로서 전쟁을 포기하고 전쟁이 아닌 평화적 수단으로 국제분쟁을 해결하자는 내용을 담고 있다. 조약 성립을 주도한 당시 미국 국무장관 켈로그 Frank B. Kellogg 와 프랑스 외상(외교부장관) 브리앙Aristide Briand 의 이름을 따 〈켈로그-브리앙 조약Kellogg-Briand Pact〉이라고도 한다. 이

■ 〈파리부전조약〉 체결식 모습
미국 국무장관 켈로그와 프랑스 외상 브리앙이 주도한 조약으로, 발기자인 켈로그는
국제 평화에 기여한 공로를 인정받아 1929년 노벨평화상을 수상했다.

조약은 최초의 세계대전이 발발한 지 약 10년이 지난 무렵에 체결
됐는데, 이때 미국과 서유럽 여러 나라는 항구적 평화 체제 구축을
위해 노력했으며 〈파리부전조약〉 체결도 그 노력의 일환이었다.

　처음에는 프랑스 외상 브리앙이 미국의 제1차 세계대전 참전
10주년을 기리며 미국에 부전不戰, 즉 전쟁을 하지 않겠다는 선언
을 발표하자는 제안을 했고, 이에 대해 미국이 그 외의 여러 나라도
포함하자고 역제안하여 두 나라 외에 영국, 독일, 이탈리아 등 열다
섯 나라가 동의하여 조약이 체결됐다. 일본도 이 조약의 서명국이

었다.

　그러나 문제점도 많았다. 조약을 위반한 국가에 대한 제재 조치가 명문화되지 않았을 뿐 아니라, 각 국가의 자위권自衛權을 인정해 개별 국가가 각각의 국가를 방어한다는 명목으로, 즉 자위를 위해서 전쟁을 일으킨다고 해도 아무런 제한을 가할 수 없었다. 그리하여 〈파리부전조약〉은 실효성을 지니지 못했는데, 이는 제2차 세계대전 발발로 명백하게 확인됐다.

　다만 특별한 경우를 제외한다면 국가의 전쟁권을 조약으로 부정했다는 측면에서 의의가 있다고 할 수 있다. 〈파리부전조약〉은 후에 제2차 세계대전을 일으킨 나라들의 전쟁범죄 책임을 규명하는 국제관습법 근거로 활용됐다. 하지만 이는 명백한 법적 책임보다는 정치적 책임에 가까운 면이 있었다.

〈런던협정〉과 〈국제군사재판소 헌장〉

1945년 5월 8일 나치 독일은 연합국에 항복을 했다. 항복 이후 되니츠Karl Dönitz 제독을 중심으로 한 독일 정부가 자체적으로 전범재판을 실시하려고 하자, 미국·영국·프랑스·소련 4개국은 되니츠 정부의 활동을 부정하고 런던에서 회의를 개최해 1945년 8월 8일 〈런던협정(London Charter)〉(〈4개국 조약〉)을 체결했다.

　〈런던협정〉은 연합국을 대표하는 4개국이 유럽 추축국(독일, 이탈리아 등)의 주요 전쟁범죄자들을 소추하고 처벌하기 위한 협정이기도 했다. 〈런던협정〉은 '평화에 대한 죄'가 사후에 제정된 법이라

하더라도 법률불소급원칙을 적용할 수 없다고 명확하게 판시했다. 이는 "법이 없다면 범죄도 없고, 법이 없다면 형벌도 없다(Nullum crimen sine lege. Nulla poena sine lege)"는 〈국제군사재판소 헌장〉(〈뉘른베르크 헌장〉) 원칙의 본디 취지가 '정의의 구현'인바, 국가 간의 조약과 보증을 위반하고 이웃나라를 침략하는 행위가 그릇된 일임은 자명한데도 이를 단죄하지 않는 것이야말로 불의不義라는 이유에서였다.

이는 런던회의에 참석했던 미국 대표이자 대법관이던 로버트 잭슨Robert Jackson의 의견이었다. 로버트 잭슨은 추후 만들어질 재판정이 설사 새로운 법을 포함한다고 하더라도 이를 통해 법의 지배를 재건해야 한다는 의견을 피력했다. 그리고 이러한 의견은 훗날 열린 뉘른베르크와 도쿄 전범재판에서 법적 참고 사례가 된다.

연합국을 주도한 미국과 영국의 법체계가 독일의 대륙법체계, 그리고 독일법을 기초로 구성됐던 일본의 법체계와 달랐기 때문에 가능한 일이었다. 독일과 일본의 법체계에서는 기본적으로 죄형법정주의에 따라 형사법이 구성된다. 즉 범죄적 행위를 했더라도 그 행위가 범죄라고 법률로 성문화되지 않은 경우 이를 범죄로 보지 않았다. 반면 영미법은 판례를 중시하기에 명시적으로 성문화되지 않은 경우에도 형사처벌이 가능했다. 특히 영미법계는 특별 군사재판소를 만들어서 전범을 처벌하는 방식을 선호했고, 이는 뉘른베르크와 도쿄 전범재판에 그대로 활용됐다.

〈뉘른베르크 헌장〉 6조

유럽 추축국의 주요 전범들을 재판하고 처벌하기 위해 수립된 이 재판소는 유럽 추축국의 이익을 위해 행동한 사람을 처벌할 권한을 가진다. 재판소는 한 개인으로서 또는 조직의 일원으로서 다음의 범죄 중 하나를 범한 사람을 재판하고 처벌하는 권한을 지닌다.

① **평화에 대한 죄** 침략전쟁 또는 국제 조약·협정·서약을 위반하는 전쟁을 계획하고 준비하고 개시하고 실행하거나 이들 행위를 달성하기 위한 공동 계획이나 공동모의에 참여한 것을 말한다.

② **전쟁범죄** 전쟁의 법률이나 관습을 위반하는 행위를 뜻한다. 여기에는 점령지 민간인들에 대한 살인, 강제 노동과 같은 학대, 강제 추방, 전쟁 포로 또는 해상에 있는 사람의 살인 또는 학대, 인질 살해, 공공 또는 사적 재산의 약탈, 도시나 마을의 무자비한 파괴, 또는 군사적 필요에 의해 정당화되지 않은 대대적인 파괴를 포함하되 이에 국한하지 않는다.

③ **인도에 대한 죄** 전쟁 전이나 전쟁 중에 민간인에게 행한 살인, 몰살, 노예화, 추방 및 기타 비인간적 행위나 전쟁과 관련해 정치적·인종적·종교적 이유로 행한 박해 범죄를, 이러한 범죄가 발생한 국가의 국내법 위반 여부와 관계없이 재판소가 관할한다. 앞서 언급한 범죄를 수행하기 위한 공동의 계획이나 모의에 참여하고 실행에 참여하는 지도자, 조직가, 선동자 및 공범자는 그러한 계획을 수행한 모든 사람의 모든 행위에 책임이 있다.

〈포츠담선언〉

제2차 세계대전이 끝나기 직전인 1945년 7월부터 8월까지 독일 포츠담에서 미국의 트루먼Harry Truman 대통령, 영국의 처칠 총리, 소련의 스탈린Iosif V. Stalin 서기장이 만나 전쟁 이후 독일과 일본을 어떻게 처리할 것인지를 논했다. 포츠담회담 중인 7월 26일에 발표된 〈포츠담선언〉은 일본에 항복을 권고하면서 일본에 대한 전후 처리 방침을 표명했다.

▌ 포츠담회담 당시 처칠, 트루먼, 스탈린(왼쪽부터)

〈포츠담선언〉 전문

1. 미국 대통령과 중국 정부 주석 및 대영제국 수상은 수억 명에 달하는 국민을 대표하여, 일본에 이 전쟁을 종식할 기회를 부여하겠다는 점을 협의했으며 의견 일치를 보았다.

2. 미국과 영국과 중국의 막강한 육해공군은 수시로 서방 측(미국-옮긴이)의 병력과 항공 함대를 보충받으면서 일본에 최후의 일격을 가할 준비가 돼 있다. 일본이 저항을 멈출 때까지 전쟁을 지속한다는 연합국 전체의 결의에 따라 이러한 군사력은 유지되면서 강화되고 있다.

3. 세계 자유국가 국민들이 궐기한 위력 앞에 독일이 무익하고 무의미하게 저항하다가 무기력하게 항복한 결과가 일본 국민에게 본보기로서 매우 명료하게 드러났다. 이제 일본에 집결되고 있는 힘은 나치 독일이 저항하던 무렵의 영토와 산업과 독일 국민의 생활 터전을 황폐화한 위력보다도 한층 더 헤아릴 수 없을 정도로 크다. 우리의 결의를 토대로 우리의 군사력을 최고도로 동원할 경우 일본의 군사력은 완전히 궤멸될 뿐만 아니라 일본 본토가 완전히 초토화되지 않을 수 없을 것이다.

4. 무분별한 속셈으로 자국을 멸망 직전으로 몰아넣은 오만방자한 군국주의 조언가에 의해 일본이 계속 통치될 것인지 아니면 일본이 이성적인 길을 따라갈 것인지를 결정할 시점이 다가왔다.

5. 우리가 제시하는 조건은 다음과 같다. 우리는 그 조건에서 벗어나지 않을 것이다. 다른 대안은 없다. 우리는 지연을 인정하지 않는다.

6. 우리는 무책임한 군국주의가 이 세상에서 사라지지 않는 한 평화와 안

보와 정의가 보장되는 신질서가 건설될 수 없다고 보기 때문에, 일본 국민을 기만하여 세계 정복을 꿈꾸게 한 과오를 범한 자의 권력자와 세력은 영구히 제거돼야 한다.

7. 이와 같은 신질서가 건설되고 일본의 전쟁 수행 능력이 파괴됐다는 확인이 있기까지, 우리가 여기에서 지적한 기본 목적을 확실히 달성하기 위해 연합국이 지정한 일본 영토 내의 여러 지점은 점령될 것이다.

8. 〈카이로선언〉의 조건은 이행돼야 하고, 일본의 주권은 혼슈와 홋카이도, 규슈와 시코쿠, 그리고 우리가 이미 결정한 소규모 섬들로 제한해야 한다.

9. 일본의 군사력을 완전히 무장해제한 다음 그들이 각자 가정으로 돌아가 평화롭고 생산적인 생활을 영위할 기회를 얻게 할 것이다.

10. 우리는 일본을 민족으로서 예속하거나 일본이라는 국가를 파괴하려는 의도가 없지만, 우리의 포로를 학대한 자를 포함하여 일체의 전범들을 엄중히 처벌할 것이다. 일본 정부는 일본 국민의 민주주의적 성향을 되살리고 강화하는 데 걸림돌로 작용하는 일체의 장애 요소를 제거해야 한다. 언론, 종교, 사상의 자유 및 기본적 인권의 존중이 확립돼야 한다.

11. 일본이 자국의 경제를 유지하면서 현물現物 배상을 할 수 있게 하는 산업은 유지가 허용돼야 하지만, 일본이 재무장하여 전쟁을 일으킬 수 있게 하는 산업은 유지가 허용돼서는 안 된다. 이러한 목적을 달성하기 위해서는 원자재에 대한 관할권을 허용해서는 안 되고, 원자재에 대한 이용권만 허용해야 한다. 일본이 세계 무역 관계에 참여하는 것은 허용

될 것이다.

12. 전기의 여러 목적이 달성되고, 일본 국민의 자유로운 의사에 따라 평
화를 지향하고 신뢰할 만한 정부가 수립되자마자 연합국 점령군은 즉
시 일본에서 철수할 것이다.

13. 우리는 이제 일본 정부가 모든 일본 군사력의 무조건 항복을 선언하
고 그러한 조치를 확실하게 믿을 수 있도록 타당하고도 적절한 방안을
보장할 것을 요구한다. 그렇게 하지 않는다면 일본은 지금 당장 완전히
파괴돼 전멸할 것이다.

그런데 이 선언에 포함된 내용 가운데 우리에게 잘 알려지지 않은 것이 있으니, 바로 "우리는 무책임한 군국주의가 이 세상에서 사라지지 않는 한 평화와 안보와 정의가 보장되는 신질서가 생길 수 없다고 보기 때문에, 일본 국민을 기만하여 세계 정복을 꿈꾸게 한 과오를 범한 자의 권력자와 세력은 영구히 제거돼야 한다"(6항)라는 내용과 "우리의 포로를 학대한 자를 포함하여 일체의 전범들을 엄중히 처벌할 것이다"(10항)라는 내용이다.

이는 곧 전쟁이 끝난 후 일본의 전쟁 책임자들이 법적 책임을 져야 한다는 내용을 의미했다. 일본은 1945년 8월 6일 히로시마에 원자폭탄이 투하되고, 8월 8일 소련이 전쟁에 참전한 이후에도 끝까지 〈포츠담선언〉 수용을 거부했다. 그러나 8월 9일 나가사키에 원자폭탄이 투하되자 더는 견디지 못하고 〈포츠담선언〉을 수용하기에 이른다.

〈포츠담선언〉을 수락할지를 두고 일본 정부 내에서는 논란이 있었다. 1945년 8월 9일 어전회의*에 참석한 우메즈 요시지로梅津美治郎 육군 참모총장은 전범 처벌과 관련해서 일본 측이 주도해 재판을 하든지, 아니면 연합국 측만으로 재판을 하지 않겠다는 단서를 붙이라고 주장하기도 했다.

그러나 이 의견은 어전회의에서 채택되지 않았다. 패전을 앞둔 당시 일본 정부의 최대 관심사는 전범재판 문제가 아닌 천황제 유지였다. 일본 정부는 "〈포츠담선언〉이 천황의 국가통치대

어전회의
천황을 포함한 최고지도자회의.

권을 변경하라고 요구하지 않았다고 이해한 한에서 수락한다"라고 밝혔다. 즉 천황제를 유지한다는 조건을 걸고 〈포츠담선언〉의 내용을 받아들인다고 답한 것이다. 미국 내에서는 이를 두고 '무조건 항복'이라고 볼 수 있는가 하는 논란이 있기도 했다.

일본 정부의 의견을 받은 미국 정부는 논의 끝에 "항복하는 시점부터 천황 및 일본국 정부의 국가통치 권한은 항복 조항을 실시하는 데 필요한 조치를 취하는 연합국 사령관의 제한을 받는다"라고 회답했다. 일본의 조건에 명시적으로 답하지는 않았지만 천황제를 부정하지도 않았다고 할 수 있다. 이와 같은 미국의 회답을 1945년 8월 14일 일본이 최종 수락함으로써 1945년 8월 15일 전투행위가 종식됐으며, 1945년 9월 2일 도쿄만 미주리호 함상에서 일본은 〈항복문서〉에 서명했다. 한편, 일본 천황은 별도로 일본 국민에게 라디오 연설을 통해 〈종전조서〉를 발표했는데, 여기에는 항복이나 그와 유사한 어떤 내용도 담겨 있지 않다.

한편, 〈포츠담선언〉을 일본이 받아들인 순간, 천황제 문제는 논쟁의 여지가 있다고 하더라도 〈포츠담선언〉에서 선언된 일본 전범의 처벌이 가능해졌다고 보는 것이 도쿄 전범재판을 준비하는 이들의 일반적인 시각이었다. 이렇게 여러 가지 직간접적인 법적 근거를 바탕으로 도쿄 전범재판이 개최될 수 있었다.

〈종전조서終戰詔書〉[*]

짐은 세계의 대세와 제국의 현 상황에 비추어 비상조치로 시국을 수습하기를 깊이 바라며 이에 충량한 너희 신민에게 고한다.

짐은 제국 정부에 미국·영국·중국·소련 4개국이 발표한 〈포츠담선언〉을 수락할 뜻을 통고했다.

무릇 제국 신민의 강녕을 도모하고 만국 공영의 즐거움을 함께하는 것은 황조황종皇祖皇宗의 유범遺範으로 짐이 삼가 받들어야 하는 바다. 앞서 미국·영국 2개국에 선전포고를 한 까닭도 실로 제국의 자존과 동아시아의 안정을 바랐기 때문이며, 타국의 주권을 배제하고 영토를 침범하는 일은 애당초 짐의 뜻이 아니었다. 그런데 교전이 이미 4년이 지나 짐의 육해 장병의 용전, 짐의 백관유사의 노력, 짐의 일억 신민의 봉공 등 각각 최선을 다했음에도 전국은 반드시 호전되지는 않았고 세계의 대세도 우리에게 이롭지 않았다. 이와 더불어 적은 새로이 잔학한 폭탄으로 끊임없이 무고한 이들을 살상하여 참해가 미치는 곳을 참으로 헤아릴 수 없을 정도에 이르렀다. 그런데도 여전히 교전을 계속한다면 결국에는 우리 민족의 멸망을 초래할 뿐만 아니라 더 나아가 인류의 문명도 파괴할 것이다. 이와 같은데 짐이 무엇으로 억조의 신민을 살피고 황조황종의 신령께 사과하겠는가. 이것이 짐이 제국 정부가 〈포츠담선언〉에 응하게 한 까닭이다.

짐은 제국과 함께 시종 동아시아의 해

〈종전조서〉
내용을 보면 알 수 있듯이 일본 천황이 일본 국민에게 내리는 일종의 지시. 제2차 세계대전에 관한 책임이나 반성 대신 자기합리화와 변명으로 일관된 내용이다.

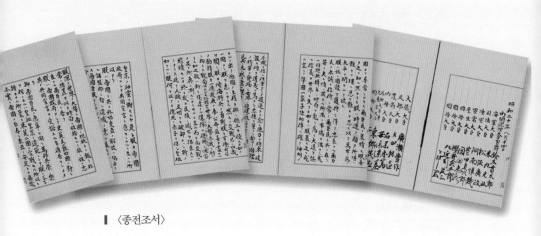

| 〈종전조서〉

방에 협력한 여러 맹방에 대해 유감의 뜻을 표하지 않을 수 없다. 제국 신민으로서 전진戰陣에서 죽고 직역에 목숨을 바치고 비명에 쓰러진 자 및 그 유족을 생각하면 오장이 찢어질 듯하다. 또한 전상과 재화를 입어서 가업을 잃은 자의 후생에 대해서는 짐이 깊이 진념하는 바다. 생각건대 금후 제국이 겪을 고난은 물론 심상치 않을 것이다. 너희 신민의 충정도 짐은 잘 알고 있다. 그러나 짐은 시운이 흘러가는 바에 따라 참기 힘든 일을 참아 내고 견디기 힘든 일을 견뎌 냄으로써 만세를 위해 태평을 열기를 바란다.

이에 짐은 국체를 호지할 수 있고 충량한 너희 신민의 참된 정성을 믿으며, 항상 너희 신민과 함께 있다. 만약 감정이 격해지는 대로 함부로 사달을 빈번히 일으키거나 동포를 밀쳐 내어 시국을 어지럽혀 대도에 어긋나 세계에서 신의를 잃는 일은 짐이 가장 경계하는 바다.

이를 마땅히 거국일가하여 자손에게 전하고 굳게 신주神州 일본의 불멸을 믿으며, 임무는 중대하고 길이 요원함을 생각하며, 총력을 장래의 건설에 기울이고 도의를 두텁게 하며, 지조를 공고히 하고 맹세코 국체의 정화精華를 발양하며, 세계의 진운에 뒤처지지 않도록 기해야 한다. 너희 신민은 능히 짐의 뜻을 명심하라.

쇼와 20년 8월 14일

일본의 〈항복문서〉[*]

1. 우리는 미국, 중국, 그리고 영국 정부의 수반들이 1945년 7월 26일 포츠담에서 발표하고 뒤이어 소련이 참여한 선언의 조항들을 일본 천황, 일본 정부, 그리고 일본 대본영의 명을 대신하여 이로써 공식 수락하는 바다. 이 4대 강국은 이하 '연합국'이라고 칭한다.

> **일본의 〈항복문서〉**
> 종전조서가 일본 국민을 대상으로 한 국내용이라면, 〈항복문서〉는 승전국에 대한 공식 문서다.

2. 우리는 이로써 일본 대본영과 모든 일본군과 일본의 지배를 받는 군대가 현재 어디에 있건 연합국에게 무조건 항복함을 포고한다.
3. 우리는 이로써 모든 일본군과 일본 국민이 현재 어디에 있건 적대행위를 즉각 중단하고, 모든 선박·항공기와 군용 및 민간 재산을 보존하고 그 훼손을 방지하며, 연합국 최고사령관이나 그의 지시에 따라 일본 정부의 여러 기관이 부과할 수 있는 모든 요구에 응할 것을 명한다.
4. 우리는 이로써 일본 대본영이 현재 어디에 있건 전 일본군과 일본의 지

배를 받는 모든 군대의 지휘관들에게 무조건 항복을 즉각 명령할 것을 명한다.

5. 우리는 이로써 연합국 최고사령관이 본 항복을 유효화하기 위해 적당하다고 간주하여 그 자신이나 그의 위임에 따라 발한 모든 포고, 명령, 지시를 모든 관청, 육군 및 해군의 직원들이 준수하고 집행할 것을 명하며, 모든 상기 직원은 연합국 최고사령관이나 그의 위임에 의해 명확하게 해임되지 않는 한 각자의 위치에 남아 각자의 비전투적 임무를 계속 수행할 것을 지시한다.

6. 우리는 이로써 천황, 일본 정부, 그리고 그 계승자들이 연합국 최고사령관이나 그 밖의 특정 연합국 대표자가 〈포츠담선언〉의 조항들을 성실

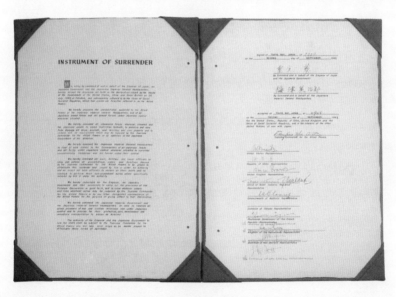

1945년 9월 2일 작성된 일본의 〈항복문서〉

▌ 〈항복문서〉에 서명하는 시게미쓰 마모루(좌)와 우메즈 요시지로(우)

히 이행하고 이 선언을 실행하기 위해 요구하는 모든 명령을 발하고 모든 조치를 취할 것을 보장한다.

7. 우리는 이로써 일본제국 정부와 일본 대본영이 현재 일본의 지배를 받는 모든 연합국 포로와 민간인 억류자를 즉시 석방하며, 그들을 보호하고 보살피고 부양하며 지시된 장소로 즉각 이송할 것을 명한다.

8. 천황과 일본 정부의 국가통치권은 본 항복 조항의 실시를 위해 적당하다고 생각하는 조치를 취할 연합국 최고사령관에게 종속된다.

1945년 9월 2일 오전 9시 4분 일본 도쿄만에서

일본 천황과 일본 정부의 명에 따라 전자들을 대신하여 서명

시게미쓰 마모루重光葵[*]

일본 대본영의 명에 따라 전자를 대신하여

우메즈 요시지로梅津美治郎[*]

1945년 9월 2일 오전 9시 8분 일본 도쿄만에서 미국, 중국, 영국, 소련, 그리고 일본과 전쟁 상태인 다른 연합 국가들의 이익을 위해 수락함.

연합국 최고사령관	더글러스 맥아더Douglas MacArthur
미국 대표	체스터 니미츠Chester William Nimitz
중국 대표	쉬융창徐永昌
영국 대표	브루스 프레이저Bruce Fraser
소련 대표	쿠즈마 데레비얀코Kuzma Derevyanko
오스트레일리아 대표	토머스 블레이미Thomas Blamey
캐나다 대표	L. 무어 코즈그레이브L. Moore Cosgrave
프랑스 임시정부 대표	자크 르 클레르Jacques Le Clerc
네덜란드 대표	C. E. L. 헬프리히C. E. L. Helfrich
뉴질랜드 대표	레너드 M. 이시트Leonard M. Isitt

시게미쓰 마모루
항복 시 일본 내각의 외무상. 도쿄 전범재판에서 7년형을 선고받고, 1950년 가석방되었다. 1954년에 하토야마 내각에서 다시 외무상으로 일했다.

우메즈 요시지로
항복 시 일본 육군 대장. 도쿄 전범재판에서 종신형을 선고받았으나, 복역 중 사망했다.

도쿄 전범재판의
준비 과정

미국 주도의
도쿄 전범재판 개시

〈포츠담선언〉이 발표된 직후에 미국 국무부-전쟁부(육군부)-해군부로 이뤄진 삼부조정위원회(State-War-Navy Coordinating Committee)의 극동위원회는 일본의 전후 처리와 관련된 보고서를 제출했다. 〈SWNCC 57/1〉라는 제목의 보고서에는 런던에서 조인된 〈뉘른베르크 헌장〉을 기초로 하여, 뉘른베르크 전범재판의 방식을 일본에도 기계적으로 적용하기로 결정했다는 내용이 들어 있다.

　　하지만 두 가지 큰 차이가 있다. 첫 번째로 도쿄 전범재판은 평화에 대한 죄에서 '공동모의'의 기소는 1931년 9월 만주사변滿洲事變 직전까지로 한정했다. 도쿄 전범재판에서는 통상의 전쟁범죄를 넘어선 '평화에 대한 죄'를 적용하기로 결정했지만, 그 기간은 1931년부터 벌어진 만주를 둘러싼 중국과 일본의 갈등에서 시작하는 것이었다. 1894~1895년 청일전쟁이나 1910년 한일강제병합 이후 한반도 안팎에서 진행되던 임시정부의 활동이나 조선인 무장 독립전쟁은 '전쟁'으로 인정하지 않은 것이다. 그 결과 일본과 중국의 중일전쟁, 1941년 12월 7일 하와이 진주만 공격 이후 시작된 미국과 일본의 전쟁, 동남아시아에서 진행된 유럽 국가와 일본의 전쟁 등만을 도쿄 전범재판에서 다루게 됐다.

두 번째로 미국은 일본에서는 독일의 유대인 학살과 같은 조직적 박해는 존재하지 않았기 때문에 인도에 대한 죄는 크게 따지지 않기로 결정했다. 인도에 대한 죄를 좁게 해석했기 때문에 일본 제국 내의 식민지인(당시 조선인이나 타이완인)이나 자국민 일본인(오키나와인)을 대상으로 한 죄(731부대의 생체실험이나 위안부 문제, 강제징용 문제 등)는 도쿄 전범재판정에서 제대로 다루어지지 않았다. 이후 미국은 전범 용의자들을 연합국전범위원회(United Nations War Crimes Commission)의 백서에 기초하여 추리기 시작했다.

그런데 일본의 항복을 받아 내는 데 가장 큰 역할을 한 미국 정부는 이에 대한 모든 행위를 자신들이 좀 더 주도하고자 했다. 그리하여 모든 권한을 이러한 기구 대신 연합국 최고사령관에게 이양하기로 결정했다. 그리고 삼부조정위원회는 1945년 9월 기존 보고서를 수정하여 〈SWNCC 57/3〉을 작성하고, 국제검사국을 연합군 최고사령부 즉 더글러스 맥아더가 지휘하도록 했으며, 연합군 최고사령부가 수석검사를 파견할 수 있도록 정책을 변경했다. 또 재판 결과를 이행하고 판결을 승인하는 권한도 연합군 최고사령부에 전

연합국전범위원회

1943년 10월 런던에서 영국, 미국을 포함한 17개국이 모여 조직을 구성하고 활동을 시작했다. 전쟁이 끝난 후 체계적이고 일관된 전범정책을 목표로, 각국 정부가 제출한 자료를 근거로 전범 명부를 작성하고, 전쟁범죄, 자국민에 대한 잔학행위, 침략전쟁의 처벌을 검토했다.

1944년 5월 전범위원회는 중국 정부의 요청에 따라 충칭에 극동-태평양소위원회를 설치했다.

같은 해 8월 28일 일본의 전범과 관련한 권고안을 채택했는데, 이에 따르면 연합국전범위원회는 중앙전범기구(Central War Crimes Agency)를 설치하여 다음과 같은 권한을 부여했다.

① 일본 영토 안에서 계획·지시되거나 행해진 모든 전쟁범죄를 조사하는 일

② 그 어느 곳에서 범했든지 일본의 전쟁범죄와 관련한 모든 증거를 수집하는 일

③ 발견된 전쟁범죄의 증거와 연합국전범위원회나 소위원회에 미처 등재되지 않은 사람들이 범한 전쟁범죄의 증거를 연합국전범위원회 또는 소위원회로 전달하는 일

④ 연합국의 어느 국가나 국제군사재판소가 확인·수배하거나 재판한 모든 일본 전범의 명단을 확보하고 관리하는 일

⑤ 어떤 정부나 기관이 확보한 모든 증거를 보내야 하는 중앙전범증거

센터를 설치하고 관리하는 일

⑥ 연합군전범위원회, 소위원회 또는 연합국 어느 정부라도 확보하는 일본 전범의 성명을 확인하고 체포를 준비하는 일

⑦ 확인된 모든 전범의 이름을 연합국전범위원회나 소위원회에 통보하는 일

⑧ 일본 전범을 요청하는 국가에 인도하는 일. 요청 국가가 두 개 이상일 때에는 연합국전범위원회가 인도의 조건을 결정

⑨ 일본 전범 문제에 관해 연합국전범위원회, 소위원회 또는 해당 정부와 협력하는 일

⑩ 전범에 관한 모든 증거와 정보를 수집하고 각국 전범위원회의 업무를 조정하기 위해 전 아시아·태평양 지역에 지부를 설치하는 일

적으로 위임했으며, 천황을 전범으로 취급하지 않기로 결정했다.

이로써 도쿄 전범재판은 실질적으로 미국이 주도하는 재판이
됐다. 이는 뉘른베르크 전범재판이 영국, 프랑스, 미국, 소련이 비교
적 균등하게 참석한 것과 비교하면 상당히 큰 차이가 아닐 수 없다.
이는 일본과 치른 전쟁 가운데 미국과 일본의 태평양전쟁이 가장
중요하다는 미국의 제2차 세계대전관에 기초한 판단이기도 했다.

피고인의
결정

도쿄 전범재판을 시작하기 위해서 가장 먼저 이루어져야 할 일은
재판에 회부할 피고인, 즉 전쟁범죄인을 결정하는 일이었다. 전쟁
범죄인 결정은 일본을 점령한 연합국 최고사령부 사령관인 더글러
스 맥아더가 주도했다.

1945년 9월 11일 전범 용의자 마흔세 명에 대해 최초로 체포
명령이 내려졌다. 맥아더가 전범 1호로 꼽은 도조 히데키도 이때 체
포됐는데, 체포되는 날 도조 히데키의 자살미수사건이 일어났다.
미군 체포조가 자택을 포위하자 권총으로 가슴을 쏜 것이다. 전범
이 자살하는 것을 막기 위해 미군은 쓰러져 있는 도조 히데키를 일
본 병원으로 데리고 갔으나, 일본 병원에서는 그의 자살을 방조하
고자 응급 처치를 거부했다. 결국 미군 병원으로 옮겨진 도조 히데

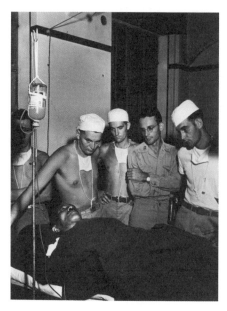

키는 미군 군의의 치료와 미군 병사의 수혈을 받고 생명을 건졌다.

미국이 일본 내의 전범들을 체포하기 시작하자 일본은 스스로 전쟁범죄를 조사하여 독자적인 재판을 구상하기도 했다. 이미 처벌된 범죄를 처벌할 수 없다는 '일사부재리의 원칙'을 방패로 삼아 연합국의 재판보다 선수를 치려는 목적이었다. 하

■ 자살미수사건 이후 미군 병원에서 치료받는 도조 히데키

지만 이와 같은 일본의 노력은 인정되지 않았다. 일본 법정에서 유죄로 인정된 군인들은 다시 연합국 B·C급 군사법정에서 심의를 받았으며, 일본 내 재판에서도 유죄 선고를 받았다는 이유로 더 높은 형을 선고받았다.

그 후 맥아더는 11월 19일 2차로 용의자 열한 명을 체포하라고 명령했고, 12월 2일에는 3차로 용의자 쉰아홉 명에 대한 체포 명령을 내렸다. 3차 체포 명령은 일본을 큰 충격에 빠뜨렸는데, 그 까닭은 최초로 일본 황족, 즉 천황의 가족이 포함됐기 때문이다. 그는

| 스가모교도소

나시모토노미야 모리마사梨本宮守正*인데 히로히토 천황의 숙부로
육군 원수를 지냈다. 12월 6일에는 기도 고이치木戶幸一와 고노에
후미마로近衛文麿를 비롯한 아홉 명에게도 출두 명령이 내려졌다.
고노에 후미마로는 출두 명령 기한 하루 전날 밤 자살했다.

　　　이런 과정을 거쳐 연합국 최고사령부
가 체포한 총 용의자는 250명을 넘었다. 이
들을 다 수용하기가 어려워서 스가모에 있
는 교도소를 개량하여 새로운 전범수용소

나시모토노미야 모리마사
그는 대한제국 최후의 황
태자인 영친왕의 비 이방
자(마사코)의 아버지이기
도 하다.

로 사용하기로 하고, A급과 B·C급 전범을 모두 수용할 것을 결정했다. 이송일은 12월 8일로 미국의 루스벨트 대통령이 대일 선전포고를 한 날이기도 했다. 그 가운데 검사가 A급 전범으로 최종 기소한 피고인은 스물여덟 명이었다. 이들은 히로히토의 생일인 1946년 4월 29일에 기소됐다.

그러나 스물여덟 명 모두 판결을 받지는 않았다. 마쓰오카 요스케는 재판이 진행되던 1946년 6월 지병인 폐결핵으로 입원했고, 그로부터 한 달 후 사망했다. 나가노 오사미도 1947년 재판 도중 병에 걸려 사망했다. 또 유일한 민간인으로서 재판에 넘겨진 오카와 슈메이는 정신질환 판정을 받고 전범재판에서 제외됐다.

재판정 설치와
재판소 관할권

재판을 하기 위해서는 가장 먼저 재판정을 설치해야 한다. 이에 따라 연합국 최고사령부는 1946년 1월 19일 〈극동국제군사재판소 설치에 관한 명령〉을 공포했다.

재판정은 도쿄 이치가야의 옛 일본육군사관학교 2층 대강당에 설치됐는데, 이 건물은 전시에 일본 육군성과 참모본부로 사용됐고, 오늘날에는 이치가야 기념관으로 사용되고 있다.

한편, 일본의 〈항복문서〉에 서명한 아홉 국가는 미국, 캐나다,

〈극동국제군사재판소 헌장〉 1장 재판소 구성 관련

1조 재판정 설치

극동의 중대 전쟁범죄인을 공정하고 신속하게 심리하고 처벌하기 위해 극동에 재판정을 설치한다. 재판정의 설치지는 도쿄로 한다.

2조 재판관

재판관은 일본의 〈항복문서〉에 서명한 9개국이 파견한 아홉 명의 판사 가운데 연합국 최고사령관이 임명하는 다섯 명 이상 아홉 명 이내로 구성한다.

3조

① 연합국 최고사령관은 판사 한 명을 재판장으로 임명한다.

8조

재판에 참여하는 검사는 일본과 전쟁을 치른 연합국이 임명한다.

당시 극동국제군사재판소와 현재 이치가야 기념관

〈극동국제군사재판소 헌장〉 1장 5조 관할권 관련

이 법원은 평화에 대한 죄를 포함한 범죄와 관련해, 개인 또는 단체 구성원으로서 소추당하는 극동 전쟁범죄인을 심리하고 처벌하는 권한을 지닌다. 다음에 열거하는 하나 또는 여러 행위는 개인 책임이 있는 것으로 하며, 이 법원 관할에 속하는 범죄로 한다.

① 평화에 대한 죄, 즉 침략전쟁을 하거나 국제법, 조약, 협정 또는 보장을 위반하는 전쟁을 계획·준비·개시·수행하거나 이를 달성하기 위해 공동 계획 또는 모의에 참가한 행위를 구성요건으로 한다.

② 통상의 전쟁범죄는 〈전쟁법〉 또는 전쟁관습법의 위반으로 이루어진다.

③ 인도에 대한 죄는 전쟁 전이나 전쟁 중에 민간에게 행한 살육, 몰살, 노예화, 추방 및 기타 비인도적 행위나 범죄가 발생한 국가의 국내법 위반 여부와 관계없이 본 재판소의 관할에 속하는 죄의 수행 또는 이와 관련해 행해진 정치적 또는 인종적 이유로 행한 박해가 포함된다.

오스트레일리아, 중국, 프랑스, 네덜란드, 뉴질랜드, 영국, 소련이며, 필리핀과 인도는 전쟁 전에 두 나라의 종주국인 미국과 영국이 재판관 파견을 강력히 추천하여 재판에 참여할 수 있었다. 이를 위해 1946년 4월 26일 〈극동국제군사재판소 헌장〉 1장 2조는 다음과 같이 개정됐다.

> 재판관은 일본의 〈항복문서〉에 서명한 9개국이 파견한 아홉 명의 판사, 그리고 필리핀과 인도에서 파견한 두 명의 판사 가운데 연합국 최고사령관이 임명하는 여섯 명 이상 열한 명 이내의 재판관으로 구성한다.

그 결과 1946년 7월 4일 미국에서 완전 독립할 예정이던 필리핀은 그 당시 독립국이 아니었는데도 재판관을 파견할 수 있었다. 인도도 1947년 8월 15일이 돼서야 영연방에서 독립을 했으니 당시에는 완전한 주권국가라 보기는 어려웠다.

도쿄 전범재판 판사진 대부분을 인적 피해가 10퍼센트도 되지 않는 국가들이 차지했다는 점에서 문제가 있었다. 또한 중국, 필리핀, 인도를 제외한 국가들은 아시아 지역에서 식민지 종주국이었기에, 식민지 지배 시기 자행된 인도에 대한 죄는 의도적으로 회피했다. 일본의 식민지 지배를 강하게 문제로 삼으면 그 화살이 자신들에게도 돌아올 수 있었기 때문이다.

나치 독일을 심판한 뉘른베르크 재판과 다른 점도 언급할 필요가 있다. 뉘른베르크 재판은 미국, 영국, 프랑스, 소련이 평등한 권한으로 수석검사를 한 사람씩 동등하게 파견했다면, 도쿄 재판은 수석검사를 연합국 최고사령관인 맥아더가 홀로 임명했다.

이 헌장을 통해 수립된 재판소는 다음과 같은 범죄에 관할권을 지녔다. 이는 헌장의 5조에 열거됐는데, 크게 세 가지로 ① 평화에 대한 죄, ② 통상의 전쟁범죄, ③ 인도에 대한 죄다.

재판정 구성

판사진

이 헌장에 따라 구성된 판사진은 다음과 같다. 영연방 국가가 5개국 (오스트레일리아, 캐나다, 뉴질랜드, 영국, 인도), 미국과 미국의 자치령이었던 필리핀, 중국, 소련과 네덜란드, 프랑스가 참여했다.

▌ 도쿄 전범재판정에 자리한 판사들

▌ 도쿄 전범재판에 참여한 판사들 단체사진

국가	재판관	경력	비고
오스트레일리아	윌리엄 웨브	오스트레일리아 대법원 판사, 도쿄 전범재판 재판장으로 임명	재판장, 보충의견 제출
캐나다	에드워드 맥두걸Edward Stuart McDougall	캐나다 퀘벡주 법원 판사	
중국	메이루아오梅汝璈	난카이대학·우한대학 교수, 입법원 위원대리	
프랑스	앙리 베르나르Henri Bernard	나치 담당 군사법정 검사	반대의견 제출
인도	라다비노드 팔 Radhabinod Pal	콜카타 고등법원 판사	1946년 5월 17일 참여, 반대의견 제출
네덜란드	버트 뢸링Bert Röling	위트레흐트 법원 판사	반대의견 제출
뉴질랜드	하비 노스크로프트 Harvey Northcroft	뉴질랜드 대법원 판사	
필리핀	델핀 하라닐라Delfin Jaranilla	고등법원 판사, 일본군 포로 출신	보충의견 제출
영국	로드 패트릭Lord Patrick	스코틀랜드 형사 고등법원 판사	
미국	존 히긴스John P. Higgins	미국 매사추세츠주 대법원장	1946년 7월 사임, 이후 마이런 크레머Myron Cramer 판사로 대체
소련	이반 자라야노프Ivan M. Zaryanov	소련 고등법원 판사, 소련 육군 법학부장	

검사진

검사들은 원고인 미국, 중국, 영국, 소련, 오스트레일리아, 캐나다, 프랑스, 네덜란드, 뉴질랜드, 인도, 필리핀을 대신해 피고인의 죄를 물을 것이었다. 피고인들을 기소할 검사진은 다음과 같이 구성됐다.

국가	검사	비고
미국	조지프 키넌	트루먼 대통령이 임명, 수석검사
오스트레일리아	앨런 맨스필드Alan Mansfield	
캐나다	헨리 놀런Henry Nolan	
중국	샹저쥔向哲濬	
프랑스	로베르 오네토Robert L. Oneto	
인도	고빈다 메논P. Govinda Menon	
네덜란드	보르게르호프 멀더Borgerhoff Mulder	
뉴질랜드	로널드 퀼리엄Ronald Henry Quilliam	
필리핀	페드로 로페스Pedro Lopez	
영국	아서 커민스 카A. S. Comyns Carr	
소련	세르게이 알렉산드로비치 골룬스키Sergei Alexandrovich Golunsky	

1946년 3월 11일부터 4월 27일 사이에 검사진은 피고인들을 확정하는 작업을 진행했다. 4월 13일 소련 측의 검사단이 도쿄에 도착했고, 소련 측 검사단은 일본의 〈항복문서〉에 서명한 두 명의 피고인(우메즈 요시지로, 시게미쓰 마모루)을 추가했으며, 4월 27일 최종 피고인의 수는 스물여덟 명이 됐다. 모든 준비가 완료되자 1946년 4월 29일 재판부는 검사의 기소장을 변호인단을 통해 피고인들에게 발급했다.

변호인단

다른 재판과 마찬가지로 피고인들은 변호인을 선임할 권리가 있었

▌ 재판정으로 향하는 피고인들

다. 이에 피고인들은 일본인 변호사들을 선임했는데, 일본인 변호사들은 대부분의 재판 관련 서류가 영어로 돼 있고 재판관과 검사가 영어를 사용하는 상황에서 실력이 역부족이었다. 또 법체계도 판례 위주의 영미법 중심으로 이루어져 있어 대륙법체계에서 교육을 받은 일본인 변호사로서는 불리할 수밖에 없었다.

이에 일본 정부는 영국과 미국 정부에 피고인들을 위해 변호사를 지원해 줄 것을 요청했고, 미국 정부는 자신들의 예산을 들여 미국 변호사를 모든 피고인에게 제공했다. 이렇게 해서 각 피고인은 일본인 변호사 한두 명과 미국인 변호사, 그리고 보좌변호사의 도움을 받을 수 있었다.

피고인 명단

다음은 당시 기소장에 기재된 피고인들의 약력이다(기소장 기재 순서는 이름의 알파벳순이다).

아라키 사다오 荒木貞夫(1877~1966)

일본 육군 군인이자 극우사상가, 육군 교육총감부 본부장. 이누카이 쓰요시 犬養毅 내각과 사이토 마코토 齊藤實 내각의 육군 대신이자 육군 대장, 1차 고노에 내각과 히라누마 기이치로 내각에서 문부대신으로 활동하면서, 일본의 정신을 강조하는 황도교육을 실시하고, 전시 체제에 선전 업무를 담당했다.

도쿄 전범재판에서 주로 다룬 것은 바로 이 지점이었다. 아라키 사다오는 '죽창 장군'이라는 별명으로 불렸는데, 그는 죽창이 300만 자루만 있으면 일본의 방어가 가능하다고 주장할 정도로 정신주의를 신봉했다.

도이하라 겐지 土肥原賢二(1883~1948)

일본 육군 군인. 펑톈 특무기관장, 펑톈 임시시장, 관동군사령부 및 화북자치정부 최고 고문, 만주주둔5군 사령관, 육군 항공총감, 육군 대장, 재싱가포르7방면군 사령관을 맡았다. '만주의 로렌스'란 별명이 있을 정도로 만주국 문제에 깊이 관여했다.

도쿄 전범재판에서는 주로 만주국 건설과 관련돼 집중 추궁을 받았다.

하시모토 긴고로 橋本欣伍郎(1890~1957)

일본 육군 군인이자 우익 사상가. 1937년 난징사건 당시 현지 포병연대장을 맡아서 영국 전함 레이디버드호 및 미국 군함 파나이호 포격*과 관련한 일본군 지휘관이기도 했다. 침략전쟁을 고취한 책과 잡지《태양 대 일본》등 다수의 출판물에 논문을 발표하고 강연을 했다. 군의 정치적 지배를 선동하고 침략전쟁 촉구를 목적으로 한 여러 단체의 회원으로 활동했으며, 대정익찬회 大政翼贊會* 창설에 참여했으며 익찬선거로 중의원 의원이 됐다.

도쿄 전범재판에서는 주로 이와 같은 침략 선동과 1937년 난징에서 레이디버드호와 파나이호에 대한 공격이 의도적이었는지 아니었는지를 추궁받았다.

- -

파나이호 포격
1937년 12월 일본군이 난징으로 돌입하기 전에 일본 해군 항공대가 난징 주재 미국인과 영국인을 철수시키고 있던 미국 해군 함정 파나이호와 영국 해군 함정 레이디버드호를 공격한 사건.

대정익찬회
1940년 7월 2차 고노에 내각이 결정한 〈기본국책요강〉에 기초하여 신체제운동을 추진하기 위해 같은 해 10월에 창립된 일본의 관제 국민조직(국민통합기구). 군부, 관료, 정당, 우익 등이 모두 모여 결성한 조직으로 1940년 10월 12일부터 1945년 6월 13일까지 존재했다. 제2차 세계대전을 맞아 국방국가 건설을 목표로 했으나 후에 국민정신운동 단체로 변모했다.

하타 슌로쿠 畑俊六(1879~1962)

일본 육군 군인. 재만주 14사단장, 육군 항공본부장, 대
만군 사령관, 육군 교육총감, 중지나파견군 최고사령관,
아베 내각 육군 대신, 육군 원수.

도쿄 전범재판에서는 주로 중일전쟁과 관련해서 죄가 논
의됐다.

히라누마 기이치로 平沼騏一郎(1867~1952)

일본 우익 법조인. 아라키 사다오와 함께 국본사 國本社 *
를 창설하고 총재를 역임했다. 추밀원 의장으로 활동하
면서 히로히토 천황을 지근거리에서 보좌했다. 내각총
리(1930), 고노에 내각 내무대신, 사상대책협의회 위원으
로 활동했다.

1931년 만주사변 당시 이를
주도한 일본 육군의 행위를 옹호했고, 오랫동안 권력
의 중심에 있었기에 일본의 전쟁 모의 전반에 관여했
다는 혐의가 도쿄 전범재판에서 다루어졌다.

> 국본사
> 청년사상단체로 출발해 일
> 본 내 극우 단체들을 망라
> 하고 조직한 후 군부의 대
> 외강경책에 동조하며 적
> 극적으로 군국주의 체제를
> 옹호하는 활동을 펼쳤다.

히로타 고키 廣田弘毅(1878~1948)

일본 외교관이자 정치인. 사이토 내각 외무대신, 32대 내
각총리(1936~1937), 고노에 내각 외무대신. 총리 재임 시
기 나치 독일 및 파시스트 이탈리아와 함께 〈반코민테른
협정〉(〈방공협정 防共協定〉)을 체결했다.

호시노 나오키 星野直樹(1892~1978)

일본 관료이자 정치인. 만주국 재무부 총무국장·재정부 총무사장·재정부 차장·총무장관을 역임했다. 만주국의 실질적인 총리였다고 할 수 있다. 그 외에 고노에 내각 기획원 총재, 도조 내각 서기관장, 국무대신, 대장성 고문을 역임했다.

만주국에서 큰 영향력을 행사한 일본인 '2키 3스케' 중 한 명이었다. '2키 3스케'는 도조 히데키, 호시노 나오키, 기시 노부스케岸信介, 아이카와 요시스케鮎川義介, 마쓰오카 요스케였다.

이타가키 세이시로 坂垣征西郎(1885~1948)

일본 육군 군인. 관동군 육군 대령, 관동군 육군 소장, 관동군 참모부장, 관동군 참모장, 1차 고노에 내각 및 히라누마 내각 육군 대신, 만주국 군무국총재, 지나파견군 총참모장, 조선군 사령관, 재싱가폴7방면군 사령관을 역임했다.

만주, 중국, 동남아 등과 벌인 전쟁에 깊숙하게 관여했으며, 도쿄 전범재판에서도 이와 같은 행위가 집중 추궁됐다.

가야 오키노리 賀屋興宣(1889~1977)

일본 정치인. 대장서기관, 1차 고노에 내각 대장대신(재무대신), 흥아위원회 위원, 북지나개발회사 총재, 도조 내각 대장대신을 역임했다. 전시에 예산을 담당했다.

기도 고이치 木戸幸一(1889~1977)

일본 정치인. 내대신 비서관, 1차 고노에 내각 문부대신, 2차 고노에 내각 후생대신, 히라누마 내각 내무대신 등 주요 요직을 거치며 일본 궁중 정치에 깊이 관여했다. 천황 측근 주요 보필자로 중신회의를 주재했다.

기무라 헤이타로 木村兵太郎(1888~1948)

일본 육군 군인. 관동군 참모장, 육군 차관, 군사참의관을 거쳐 미얀마방면군 사령관이 됐다.
'미얀마의 도살자'라는 별명처럼 미얀마 점령 당시 현지인을 잔혹하게 다루었다. 도쿄 전범재판에서는 미얀마에서의 잔혹행위가 아닌, 도조 내각 당시 육군 차관으로서의 행위가 기소됐다.

고이소 구니아키 小磯國昭(1880~1950)

일본 육군 군인이자 정치인. 이누카이 내각 육군 차관,
관동군 참모장, 조선군 사령관 및 조선 총독을 역임했다.
조선 총독 재임 시 학도병제도를 실시했다. 도조 히데키
내각이 붕괴한 이후 내각 총리대신을 역임했다.
만주에서의 활동과 1944년 이후 전쟁 최고지도자로서의
책임을 추궁받았다.

마쓰이 이와네 松井石根(1878~1948)

일본 육군 군인. 중지나방면군 사령관, 대동아개발주식
회사 총재.
중일전쟁 당시 일본이 난징대학살을 저질렀을 때 이를
제대로 관리하거나 처벌하지 않았다는 혐의가 도쿄 전범
재판에서 다루어졌다.

마쓰오카 요스케 松岡洋右(1880~1946)

일본 외교관. 국제연맹회의 수석전권대사 시기 일본의
국제연맹 탈퇴를 주도했다. 남만주철도회사 총재를 역
임했다. 2차 고노에 내각 외무대신으로 독일·이탈리아·
일본의 삼국동맹의 주역이었다.

미나미 지로 南次郎(1874~1955)

일본 육군 군인, 정치가. 1936~1942년 조선 총독을 역임
했고, 총독으로 재임 중 내선일체와 창씨개명을 시행했
다. 조선 총독으로 부임하기 전에는 와카쓰키 레이지로
내각의 육군 대신으로서 만주사변에 깊이 관여했다.
도쿄 전범재판에서 다룬 죄목은 조선 총독으로서의 행위
가 아니라 만주국 수립과 관련된 일이었다.

무토 아키라 武藤章(1892~1948)

일본 육군 군인. 루거우차오사건을 계기로 1937년 중일
전쟁이 발발하자 중국과 전면전을 치를 것을 건의했다.
마쓰이 이와네에 뒤이어 난징에 입성하여 난징대학살의
상급 책임자 중 한 명이라 할 수 있다. 1939년 중앙의 요
직인 육군성 군무국장을 역임했고, 1942년 재수마트라 2
사단장, 1944년 필리핀14방면군 참모장으로 취임했다.
중일전쟁의 확대 문제와 육군성 군무국장으로 활동할 당시 미국과 개전한 데에 대
한 책임이 도쿄 전범재판에서 주로 다루어졌다.

나가노 오사미 永野修身(1880~1947)

일본 해군 군인. 해군 군사령부 차장, 제네바해군군축회
의 전권위원, 군사참의관, 해군 대장, 런던해군군축회의
수석대표, 연합함대 사령장관, 군령부 총장, 해군 대신
으로서 천황의 해군 관계 최고고문이었다. 일본 해군의

3대 요직인 해군 대신, 연합함대 사령장관, 군령부 총장을 모두 경험한 인물이다. 진주만 공격 당시의 행위가 도쿄 전범재판에서 집중 추궁될 예정이었으나 옥중에서 병사했다.

오카 다카즈미 岡敬純(1890~1973)

일본 해군 군인. 해군성 군무국 과장, 해군성 군무국장, 해군 중장이었다. 도조 내각의 붕괴 이후에는 조선경비부 사령장관으로 진해에 부임했다.

진주만 공격 이전에 해군 내에서 미국과 전쟁하는 데 가장 적극적이었다는 혐의가 도쿄 전범재판에서 집중 추궁됐다.

오카와 슈메이 大川周明(1886~1957)

일본 지식인. 도쿄 전범재판에 기소된 유일한 민간인이다. 《일본역사독본 日本歷史讀本》 저자로서 황도사상을 고취했으며, 아시아에서 백색인종을 무력추방하려는 목적의 침략전쟁을 고취했다.

도쿄 전범재판에서 도조 히데키의 머리를 때리는 등 정신이상 행동과 횡설수설하는 모습을 보여 면소 처리돼 재판을 받지는 않았다.

오시마 히로시 大島浩(1886~1975)

일본 육군 군인. 독일어에 능통했다. 주독일 대사를 역임
했으며, 독일·이탈리아·일본이 삼국동맹을 결성하는 데
역할을 했다. 나치즘에 깊이 동조했기에 일본에서도 그
를 '주독일 독일대사'로 부르기도 했다.

사토 겐료 佐藤賢了(1895~1975)

일본 육군 군인. 기획원 사무관, 육군 중장, 육군성 군무
국장을 역임했으며, 도조 히데키의 최측근이었다.

시게미쓰 마모루 重光葵(1887~1957)

일본 외교관이자 정치인. 주영국 대사, 주중국 대사, 주소
련 대사 등을 역임했으며, 도조 내각과 고이소 내각에서
외무대신직을 수행했다. 1945년 9월 2일 일본 〈항복문서〉
에 서명했다. 1932년 4월 윤봉길 의사의 폭탄 공격을 받아
한쪽 다리를 잃어 의족을 착용한 인물이기도 하다.

시마다 시게타로 嶋田繁太朗(1883~1976)

일본 해군 군인. 연합함대 참모장. 도조 내각 해군 대신,
해군 군령부 총장.
도조 내각 시기 해군의 총책임자였기 때문에 도쿄 전범
재판에서는 이 부분이 주로 다루어졌다.

시라토리 도시오 白鳥敏夫(1887~1949)

일본 외교관이자 정치인. 외무성 정보국장, 주스웨덴·주
노르웨이·주덴마크·주이탈리아 대사, 외무성 고문, 익찬
정치회 총무를 맡았다. 외무성 정보국장 당시 만주사변
에 비판적인 국제연맹에 대항하는 외교정책을 세우는 데
큰 역할을 했으며 일본이 국제연맹을 탈퇴하게 하고, 미
국·영국을 향한 강경 외교를 추진했다.

스즈키 데이이치 鈴木貞一(1888~1989)

일본 육군 군인. '신사복을 입은 군인'이라는 별명처럼
군인이지만 주로 대외관계 활동을 많이 했다. 보병대 14
연대장, 흥아원 정무부장, 도조 내각 기획원 총재 겸 무
임소대신, 내각 고문, 대정익찬회 이사를 역임했다. 도조
히데키의 최측근이라 할 수 있다.

도고 시게노리 東鄉茂德(1882~1950)

일본 외교관이자 정치인. 주독일·주소련 대사, 도조 내각 외무대신이자 〈포츠담선언〉을 수락한 스즈키 간타로 鈴木貫太郎 내각의 외무대신이었다.

태평양전쟁 발발 직전 외무대신이었기 때문에 도쿄 전범 재판에서는 주로 당시의 행적을 추궁받았다. 임진왜란 당시 일본으로 끌려간 조선 도공의 후손으로 조선식 이름은 '박무덕 朴茂德'이었다.

도조 히데키 東條英機(1884~1948)

일본 육군 군인. 관동군 헌병대 사령관, 관동군 참모장, 1차 고노에 내각 육군 차관, 육군 항공총감. 1937년 루거우차오사건이 발생하자 중국 정부와 타협하는 데 반대하고, 중일전쟁을 확대해 나갔다. 1938년 이타가키 세이시로 일본 육군 대신 시절 육군 차관이 됐으며, 1940년에는 2차 고노에 내각에서 육군 대신에 임명됐고 3차 고노에 내각에서도 연임했다. 도조 히데키는 마쓰오카 요스케 외무대신과 협력해 일본이 삼국동맹에 참가하는 데 큰 영향을 미쳤고, 프랑스령 인도차이나에 일본군을 주둔하게 해 영국과 미국을 상대로 하는 전쟁을 준비했다.

1941년 10월 18일 내대신 기도 고이치 등의 추천을 받아 내각을 조직해 40대 일본 내각 총리대신에 임명됐고, 권력 강화를 지향해 관례를 깨고 내무대신, 육군 대신, 참모총장 등을 겸임하면서 육군 대장으로 승진했다. 이해에 "살아서 포로가 되는 치욕을 당하지 마라"라는 가르침을 담은 전진훈 戰陣訓을 만들기도 했다. 1941년 12월 7일 진주만 공격을 명령해 태평양전쟁을 일으켰으며, 1942년에는 외무대신을 지냈고, 1943년에는 문부대신, 상공대신, 군수대신을 겸임했으며, 그해 대동아 회의를 개최하여 일본이 주도해 아시아 국가들을 연합하고자 했다.

도쿄 전범재판에서 도조 히데키는 일본의 모든 전쟁을 기획하는 데 참여한 인물로서 매우 중요한 피고인으로서 처우를 받았다.

우메즈 요시지로(1882~1949)

일본 육군 군인. 관동군 사령관 겸 육군 참모총장. 시게미쓰 마모루와 함께 1945년 9월 2일 〈항복문서〉에 서명했다.

피고인 명단에 나오는 일본 내각의 순서

내각명	기간
와카쓰키 레이지로 내각	1931년
이누카이 쓰요시 내각	1931~1932년
사이토 마코토 내각	1932~1934년
오카다 게이스케 내각	1934~1936년
히로타 고키 내각	1936~1937년
하야시 센주로 내각	1937년
1차 고노에 후미마로 내각	1937~1939년
히라누마 기이치로 내각	1939년
아베 노부유키 내각	1939~1940년
요나이 미쓰마사 내각	1940년
2차 고노에 후미마로 내각	1940~1941년
3차 고노에 후미마로 내각	1941년
도조 히데키 내각	1941~1944년
고이소 구니아키 내각	1944~1945년
스즈키 간타로 내각	1945년

도쿄 전범재판의 전반전

"장내의 여러분, 모두 조용히 해 주십시오."

법정 집행관이 큰 목소리로 말했다. 이후 윌리엄 웨브 재판장에

이어 도쿄 전범재판을 담당하는 판사 열 명이 법정에 입장하면서

1946년 5월 3일 오전 11시 17분 역사적인 재판이 시작됐다.

재판장 윌리엄 웨브는 다음과 같은 개정사開廷辭로 도쿄 전범재판

의 개시를 전 세계에 알렸다.

웨브 재판장의
개정사

우리 판사 일동은 오늘 이곳 법정에 모이기에 앞서 그 어떤 두려움
이나 편견에도 구애받지 않고, 공정하게 법만을 따라 정의를 집행
하기로 한 공동 선언서에 서명했다.

▌ 윌리엄 웨브 재판장

우리는 우리에게 주어진 책임이 얼마나 큰지 충분히 인식하고 있
다. 역사에서 이 재판만큼 중요한 형사재판은 존재하지 않는다.

(중략)

이번에 기소돼 우리 눈앞에 앉아 있는 각 피고인은 과거 10여 년 동
안 일본의 국운이 융성하던 당시에 지도자적인 위치에 있던 사람들
이다. 전 총리대신, 외무대신, 대장대신, 참모총장, 그리고 일본 정
부 내에서 최고 지위에 있었던 사람들이 포함돼 있다.

기소된 죄목은 평화에 대한 죄, 통상의 〈전쟁법〉에 대한 죄, 또는
인도에 대한 죄, 또는 이들 죄를 범하려고 공동모의를 한 죄 등이

▌ 도쿄 전범재판정 모습

다. 이러한 죄는 너무나도 무겁고 깊다. 이를 재판하기에 적합한 법
정은 국제적 성격의 군사법정, 즉 일본에 승리한 각 연합국 대표로
구성된 재판소다.

피고인들이 본디 아무리 중요한 지위에 있었다고 하더라도 그들이
받는 대우는 한 명의 일본인 병사가 받는 것과 다르지 않을 것이다.
그러나 소추된 죄상의 수 및 성질에 따라 본 법정은 제출된 증거물,
적용할 수 있는 법령에 대해 가장 신중한 심리를 행할 것을 피고인
에게 약속한다.

이 중대한 직책을 수행하는 데 우리는 백지와 같은 태도로 선입견 없

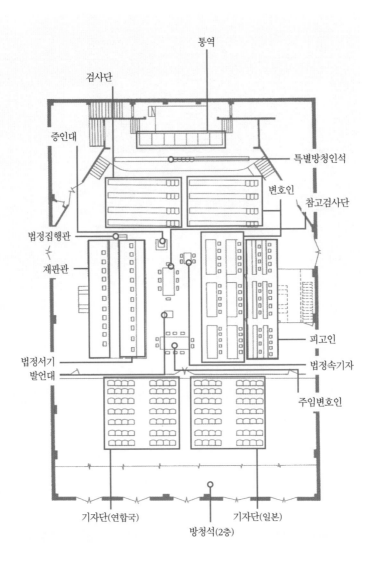

검사단

통역

증인대

특별방청인석

변호인

참고검사단

법정집행관

재판관

피고인

법정서기

법정속기자

발언대

주임변호인

기자단(연합국)

기자단(일본)

방청석(2층)

▌재판정 배치도

이 진실과 법이 명하는 바에 따라 대처해 갈 것이다. 범죄 사실에 한 점의 의문의 여지도 없이 입증하는 일은 검찰 당국자의 책임이다.

본 판사들은 공정 신속한 재판을 할 수 있지만 다양한 언어를 사용해야 하기 때문에 재판이 오래 진행되는 것을 피할 수는 없다.

우리는 가까운 시일 내에 검사단 및 변호인단의 출정을 요구하여 실질적인 논쟁이 필요치 않은 서류나 사실관계 등은 즉각 시인하도록 요청하고, 이에 따라 소송 수속 기간을 단축하고 싶다.

재판장의 발언이 끝나자 미국 출신 키넌 수석검사가 각국 대표 검사를 소개했다. 검사 소개가 끝나자 재판장은 피고인 두 명이 아직 출석하지 않은 까닭에 오후 2시 30분까지 재판을 휴정한다고 선언했고, 11시 40분 휴정에 들어갔다. 출석하지 않은 피고인 두 명은 이타가키 세이시로와 기무라 헤이타로로, 이들은 방콕에서 출발해 이날 오후 도쿄에 도착하여 이후 재판에는 그 모습을 드러냈다.

검사 측 주장

1946년 5월 3일 오후 재판이 시작되자 키넌 검사의 기소장 낭독 요청에 따라 법정 집행관이 기소장을 낭독하기 시작했다. 기소장 내용이 많은 까닭에 낭독은 이틀날까지 계속됐다. 여기서는 기소장의 전문前文만을 살펴보기로 한다.

▎ 조지프 키넌 수석검사

▎ 검사 모두발언 당시 기립한 피고인들

기소장 전문

이하의 본 기소장이 언급하는 시기에 일본의 대내외정책은 범죄적인 군벌이 지배하고 지도했다. 이러한 정책은 세계적 차원에서 일어난 중대한 분쟁 및 침략전쟁의 원인인 동시에, 평화를 애호하는 여러 국민의 이익 및 일본 국민의 이익도 크게 훼손하는 원인이었다.

일본 국민의 정신은 아시아 아니 전 세계의 다른 여러 민족에게 일본의 민족적인 우월성을 주장하는 유해한 우월주의 사상으로, 조직적으로 피해를 입혔다. 일본에 존재하는 의회제도는 광범위한 침공의 도구로써 사용됐으며, 당시 독일에서 히틀러Adolf Hitler 및 나치당이, 이탈리아에서 파시스트당이 확립한 것과 비슷한 제도가 도입되기도 했다. 또한 일본의 경제·재정적인 자원은 대부분 전쟁 목적으로 동원됐기 때문에 일본 국민의 복지가 저해되기에 이르렀다.

피고인들은 다른 침략 국가, 즉 나치 독일 또는 파시스트 이탈리아 통치자와 함께 공동모의를 하기도 했다. 본 공동모의의 주요 목적은 침략 국가가 행한 세계 여타 지역의 지배와 착취의 확보였다. 이러한 목적을 위해 피고인들은 본 재판소 헌장에 정의된 평화에 대한 죄, 통상의 전쟁범죄 및 인도에 대한 죄를 저지르거나 저지르는 것을 장려했다. 이리하여 자유의 기본원칙과 인격에 대한 존엄을 위협하고 훼손하기도 했다.

피고인들은 그 권력, 공직 및 개인적인 명망이나 세력을 이용해서 미국, 중국, 영국, 소련, 오스트레일리아, 캐나다, 프랑스, 네덜란드,

뉴질랜드, 인도, 필리핀 또는 다른 평화적인 여러 국가에 대해서 국제법 및 신성한 조약, 의무 및 타국과 맺은 계약을 위반하여 침략전쟁의 계획, 준비, 개시 또는 수행을 기도하고 실행하기도 했다.

그 계획으로 일본은 포로, 일반 수용자나 공해에 있는 사람(바다에 표류하는 이-옮긴이)을 살해, 훼상毀傷 또는 학대했고, 이에 대해 적절한 식량, 수용소, 의복, 의료 치료 또는 다른 처치 등에 대해 조치를 취하지 않았다. 또한 이들을 비인도적인 조건에서 강제 노역에 종사하게 했고, 치욕을 주었으며, 널리 승인된 전쟁의 법규와 관례의 위반을 기도하고 실행하기도 했다.

그리고 일본의 이익을 위해서 피정복 국민의 인적·경제적 자원을 착취했고, 공사公私의 재산을 약탈했으며, 군사적 필요를 넘어 도시와 촌락에 무분별한 파괴를 가했다. 그리고 유린된 국가의 무력한 일반 민중을 대량 살해, 능욕, 겁박을 통한 약탈, 고문한 것 외에도 민중에게 야만적인 잔학행위를 가했고, 일본국 정부 관리 및 여러 기관에 대한 육해군 세력의 강압을 강화했으며, 이른바 익찬회 등을 창설했다.

또한 국가주의적인 팽창정책을 가르쳤고, 전쟁 선전물을 널리 퍼뜨렸으며, 신문 및 라디오를 엄격하게 통제해 일본 국민의 여론을 움직임으로써 침략전쟁에 대한 심리적인 준비를 갖추게 했다. 또한 피정복 국가에 '괴뢰'정권을 수립했으며, 무력으로써 일본의 팽창 계획을 추진하기 위해 독일 및 이탈리아와 군사동맹을 체결하기도 했다.

따라서 상기 국가들은 1945년 7월 26일의 〈포츠담선언〉, 1945년 9

월 2일의 〈항복문서〉 및 본 재판소 헌장에 따라 중대한 전범에 대한 피의사실을 조사하고 이를 소추에 부치는 바다. 각 정부를 대표하도록 정당하게 임명된 아래의 서명 대표자는 상기의 모든 자를 다음에 열거한 여러 항목에서 본 재판소 헌장에서 정의한 평화에 대한 죄, 전쟁범죄, 인도에 대한 죄 및 그 이상의 죄를 공동으로 계획하거나 공동모의한 죄가 있다고 판단해 고소하고, 본 소송의 피고인으로 하여 그 성명이 각각 기재된 후술의 기소 소인에 따라 기소된 것으로 지명한다.

변호인 측 주장

검사의 기소장 낭독이 끝난 후 속개된 재판에서 일본 측 변호인 중 한 명인 기요세 이치로淸瀨一郎가 재판의 관할권에 대해 이의를 제기하고 나섰다. 재판소가 피고인들을 재판할 권리 자체가 없다는 주장이었다.

그 내용을 발췌, 요약해 보면 다음과 같다. 이는 앞서 살펴본 바 있듯이 인류 역사 최초로 열리는 전범재판에 제기되는 문제점을 지적한 것이었

▌ 기요세 이치로

▌ 변호인 주장을 듣는 판사진

다. 이를 설파한 기요세 이치로 변호사의 핵심 주장을 들어보자.

기요세 이치로 변호사의 이의 제기(1946년 5월 13일)

먼저 이 재판소는 평화에 대한 죄 또는 인도에 대한 죄에 대해 재판
할 권리 자체가 없습니다. 말할 필요도 없이 해당 재판소는 연합국
이 1945년 7월 26일 포츠담에서 발표한 항복을 권고하는 선언, 이
른바 〈포츠담선언〉에 있는 "우리의 포로를 학대한 자를 포함하여
일체의 전범들을 엄중히 처벌할 것이다"라는 조항을 그 근거로 합
니다. 이 〈포츠담선언〉은 같은 해 9월 2일에 도쿄만에서 조인된 〈항
복문서〉로 확인·수락됐습니다.

기소 소인[*]

평화에 대한 죄

1. 동아시아, 태평양의 지배 등을 목적으로 하는 침략전쟁의 전반적 공동
   모의(1928~1945)

2. 만주 지배를 목적으로 한 대중 침략전쟁의 공동모의(만주사변)

3. 중국 지배를 목적으로 한 대중 침략전쟁의 공동모의(중일전쟁)

4. 동아시아, 태평양 등의 지배를 목적으로 미국·영국 이외의 지역에 대한
   침략전쟁의 공동모의(태평양전쟁)

5. 세계 분할 지배를 목적으로 독일·이탈리아와 제휴해 미국·영국 이외의
   지역에 대한 침략전쟁의 공동모의(삼국동맹)

6. 중국에 대한 침략전쟁의 계획 및 준비

7. 미국에 대한 침략전쟁의 계획 및 준비

8. 영국에 대한 침략전쟁의 계획 및 준비

9. 오스트레일리아에 대한 침략전쟁의 계획 및 준비

10. 뉴질랜드에 대한 침략전쟁의 계획 및 준비

11. 캐나다에 대한 침략전쟁의 계획 및 준비

12. 인도에 대한 침략전쟁의 계획 및 준비

13. 필리핀에 대한 침략전쟁의 계획 및 준비

14. 네덜란드에 대한 침략전쟁의 계획 및 준비

15. 프랑스에 대한 침략전쟁의 계획 및 준비

16. 타이에 대한 침략전쟁의 계획 및 준비

기소 소인
소인은 영미법에서 주로 사용되는 개념으로 영어 'Count'의 번역어다. 형사소송에서 하나의 공소장으로 여러 개의 범죄를 기소할 때 각각의 범죄 사실을 기재하는 항목으로, 검사가 주장하는 범죄를 지칭하는 말이다.

17. 소련에 대한 침략전쟁의 계획 및 준비

18. 1931년 9월 18일경 중국에 대한 침략전쟁의 개시(만주사변)

19. 1937년 7월 7일경 중국에 대한 침략전쟁의 개시(중일전쟁)

20. 1941년 12월 7일경 미국에 대한 침략전쟁의 개시(태평양전쟁)

21. 1941년 12월 7일경 필리핀에 대한 침략전쟁의 개시(태평양전쟁)

22. 1941년 12월 7일경 영연방 제국에 대한 침략전쟁의 개시(태평양전쟁)

23. 1940년 9월 22일경 프랑스에 대한 침략전쟁의 개시(프랑스령 인도차이나
공격)

24. 1941년 12월 7일경 타이에 대한 침략전쟁의 개시(일본군의 타이 진주)

25. 1938년 여름 소련에 대한 침략전쟁의 개시(장구평사건)

26. 1938년 여름 몽골인민공화국 영토 공격에 따른 침략전쟁의 개시(노몬
한사건)

27. 1931년 9월 18일부터 1945년 9월 2일까지 중국에 대한 침략전쟁의
수행(만주사변)

28. 1937년 7월 7일부터 1945년 9월 2일까지 중국에 대한 침략전쟁의 수
행(중일전쟁)

29. 1941년 12월 7일부터 1945년 9월 2일까지 미국에 대한 침략전쟁의
수행(태평양전쟁)

30. 1941년 12월 7일부터 1945년 9월 2일까지 필리핀에 대한 침략전쟁의
수행(태평양전쟁)

31. 1941년 12월 7일부터 1945년 9월 2일까지 영연방 제국에 대한 침략
전쟁의 수행(태평양전쟁)

32. 1941년 12월 7일부터 1945년 9월 2일까지 네덜란드에 대한 침략전쟁
    의 수행(태평양전쟁)

33. 1940년 9월 22일 이후 프랑스에 대한 침략전쟁의 수행

34. 1941년 12월 7일부터 1945년 9월 2일까지 타이에 대한 침략전쟁의
    수행

35. 1938년 여름 소련에 대한 침략전쟁의 수행

36. 1939년 여름 소련 및 몽골인민공화국에 대한 침략전쟁의 수행

살인

37. 1940년 6월 1일부터 1941년 12월 8일 불법 공격으로 상대 국민의 불
    법 살해를 공동모의(〈헤이그조약〉 3조 위반)

38. 1940년 6월 1일부터 1941년 12월 8일 불법 공격으로 상대 국민의 불
    법 살해를 공동모의(〈4개국 조약〉과 〈부전조약〉 외 위반)

39. 1941년 12월 7일 진주만 공격으로 미국 장병 및 일반인 불법 살해

40. 1941년 12월 8일 영연방 코타바루 공격으로 영연방 장병 및 일반인
    불법 살해

41. 1941년 12월 8일 홍콩 공격으로 영연방 장병 및 일반인 불법 살해

42. 1941년 12월 8일 상하이 공격으로 영연방 해군 군인 세 명 불법 살해

43. 1941년 12월 8일 필리핀 남부 다바오 공격으로 미국, 필리핀 양국 장
    병 및 일반인 불법 살해

44. 1931년 9월 18일부터 1945년 9월 2일까지 점령지에서 적국 장병 및
    일반인 불법 살해 공동모의

45. 1937년 12월 12일 이후 난징 공격으로 중국 일반 주민 및 무장해제 병사 불법 살해

46. 1938년 10월 21일 이후 광둥 공격으로 중국 일반 주민 및 무장해제 병사 불법 살해

47. 1938년 10월 27일 이후 한커우 공격으로 중국 일반 주민 및 무장해제 병사 불법 살해

48. 1944년 6월 18일 전후 창사 공격으로 중국 일반 주민 및 무장해제 병사 불법 살해

49. 1944년 8월 8일 전후 헝양 공격으로 중국 일반 주민 및 무장해제 병사 불법 살해

50. 1938년 11월 10일 전후 구이린, 류저우 공격으로 중국 일반 주민 및 무장해제 병사 불법 살해

51. 1939년 여름 노몬한사건으로 소련, 몽골인민공화국 군대 불법 살해

52. 1938년 여름 장구평사건으로 소련인 불법 살해

통상의 전쟁범죄 및 인도에 대한 죄

53. 1941년 12월 7일(중국의 경우 1931년 9월 18일) 이후 전쟁 법규와 관례 위반의 공동모의

54. 소인 53과 같은 기간에 전쟁 법규와 관례 위반의 명령, 권한 부여, 허가

55. 소인 53과 같은 기간에 전쟁 법규와 관례 위반의 방지 의무 무시

총 55항의 기소 소인 중에서 피고인들에게 주로 적용된 소인은 밑줄 친 1, 27, 29, 31, 32, 33, 35, 36, 54, 55였다. 〈극동국제군사재판소 헌장〉에는 통상의 전쟁범죄와 인도에 대한 죄가 각각 언급됐지만, 실제 기소 소인에서 이것들은 따로 취급되지 않았다.

'인도에 대한 죄'가 넓게 정의됐다면 여기에는 일본의 식민 지배가 포함됐을 것이다. 아니면 독일이 독일 및 독일 점령지의 유대인 학살로 뉘른베르크 전범재판에서 '인도에 대한 죄'에 따라 처벌받았듯이, 일본의 제국 신민 학대행위가 '인도에 대한 죄'로 처벌받았을지도 모른다.

그러나 도쿄 전범재판은 기본적으로 평화에 대한 죄를 중심으로 판단이 내려졌으며, 기소 소인에 동아시아, 태평양 지역에 대한 전반적인 침략전쟁(1), 만주사변 이후 중국과 치른 중일전쟁(27), 진주만 공격 이후 미국과 벌인 태평양전쟁(29), 네덜란드(주로 인도네시아 지역)에 대한 일본의 침략전쟁(32), 프랑스(주로 베트남 지역)에 대한 일본의 침략전쟁(33), 소련과 몽골인민공화국에 대한 침략전쟁(35, 36)이 포함됐다. 이 책에서는 주로 만주사변·중일전쟁과 관련된 논전을 살펴볼 것이다.

그러므로 〈포츠담선언〉의 조항은 우리 일본을 구속할 뿐만 아니라, 어떤 의미에서는 연합국도 구속받는 것입니다. 이 재판은 〈포츠담선언〉 10항에 따라 '전범'이라 칭해지는 자에 대해 기소는 할 수 있지만, 10항을 따르지 않는 '전범'을 처벌할 수 있는 권리는 없습니다.

본 재판소의 헌장이 '평화에 대한 죄'와 '인도에 대한 죄'를 명기했지만, 연합국이 이러한 죄를 기소할 권한이 없다면 연합국에서 권한을 위임받은 최고사령관도 그 권한은 없는 것입니다.

자신에게 없는 권한을 타인에게 부여할 수 없다는 법률에서의 격언은 국제법에서도 마찬가지로 적용됩니다. 그러므로 우리는 여기에서 냉정하고 엄격하게 〈포츠담선언〉에서 전범이라고 지칭하는 자의 뜻과 한계를 정하고 시작하지 않으면 안 됩니다. '전범'은 1945년 7월 26일 〈포츠담선언〉 발표 당시와 일본이 이를 수락했을 때의 시점의 의미에서 엄격하게 해석돼야 합니다. 바꾸어 말하면 그 당시 세계 여러 국가가 일반적으로 수용한 '전범'의 의미는, 전쟁의 법규와 관례의 위반이라는 전쟁범죄였습니다.

전쟁의 법규와 관례에 대한 네 가지 전례를 열거하면, 첫 번째는 교전자交戰者의 위반, 두 번째는 비교전자非交戰者의 위반, 세 번째는 약탈, 네 번째는 전시 반역의 문제입니다.

(중략)

'평화에 대한 죄'에 대해서 말하면, 어떤 성격의 전쟁이든 전쟁을 계획하고, 준비하고, 개시하여 전쟁을 수행하는 일을 뜻하는데,

1945년 7월까지 세계의 문명 제국이 따르던 전쟁의 개념에 비추어 보면 '평화에 대한 죄'라는 것은 생각할 수 없는 것입니다.

(중략)

1946년 1월 19일 선포된 본 재판소의 헌장에 맥아더 원수의 특별 명령으로 연합국이 수시로 전범을 처벌하겠다는 취지를 선언했다고 실려 있습니다. 이 선언도 우리 일본을 향한 선언이라고 볼 수밖에 없습니다.

그러나 독일에 대한 선언, 유럽 추축국에 대한 선언을 바로 일본에 적용할 수는 없습니다. 독일에 대해, 〈모스크바선언〉이나 얄타회담에서 어떻게 선언되든지 우리 일본에 대해 그 선언을 적용할 수 있다는 이유는 되지 못합니다. 재판장님, 저는 이 점이 매우 중요하다고 생각합니다. 독일과 일본은 항복한 방식이 다릅니다. 독일은 최후까지 저항하다가 히틀러도 자살하고, 괴링Hermann Göring도 전선에서 이탈함으로써 마침내 궤멸하여 문자 그대로 무조건 항복을 했습니다. 독일의 전범에 한해서 본다면 연합국은 재판하여 처벌할 수 있는 권한을 얻었습니다.

〈포츠담선언〉이 발표된 시점에 연합국의 군대는 아직 일본에 상륙하지 않았습니다. 아직 연합군이 일본 본토에 상륙하기 전에 〈포츠담선언〉이 발표됐고, 연합국 정부는 그 〈포츠담선언〉 5항을 우리도 지키리라는 조건에서 연합국도 지킬 것이라고 우리 일본에 대해 선언을 했고, 일본은 이를 수락했던 것입니다. 그러므로 뉘른베르크 재판에서 평화에 대한 죄, 인도에 대한 죄를 기소했다고 해서 그것을 그대로 유추하여 극동재판에 가져온다는 것은 절대로 잘못된 일입니다.

일본은 〈포츠담선언〉이라는 한 가지 조건을 수락한 것이므로 아무리 연합국이라 하더라도 이를 지키지 않으면 안 됩니다.

연합국 측은 이번 전쟁의 목적 가운데 하나가 국제법의 존중이라고 말했습니다. 국제법으로 볼 때 전쟁범죄의 범위를 초월하는 일은 없으리라고 우리는 굳게 믿고 있었습니다. 일본 국민도 그렇게 믿고 〈포츠담선언〉을 수락하기로 결심한 것입니다. 당시 스즈키 간타로 내각도 이 조건의 하나인 전범의 처벌이라는 세계 공통의 언어, 정해진 규칙으로 바로 그것을 벌하는 것이라 생각하고 이를 받아들였습니다. 그러자, 당시와는 다른 죄를 끄집어내어 이를 기소하는 것이 어찌된 일입니까?

지금 국가정책으로서의 전쟁 또는 침략전쟁 그 자체가 범죄가 된다고 말하는 사람도 있습니다. 그러나 이는 완전히 잘못된 견해입니다. 1928년 〈파리부전조약〉은 국가정책으로서의 전쟁을 분명히 옳지 않다고 말했지만, 이를 명백한 범죄라고 규정하지는 않았습니다.

(중략)

유럽에서 입수한 자료를 보면 세계대전이 끝난 후 1945년 8월 8일 〈런던협정〉을 통해 전쟁범죄의 의미를 확대 해석하기로 결정했다고 합니다. 이것이 뉘른베르크 전범재판에 적용됐습니다. 그러나 이는 1945년 8월 8일의 일이며, 〈포츠담선언〉은 7월 26일입니다. 7

월 26일의 선언을 해석하는 데 8월 8일의 자료에 의거한다는 것은 모순된 일이므로, 적어도 법조인으로서는 피해야 할 사안이 아닐 수 없습니다.

이는 실로 중대한 문제며, 나는 오늘날 세계에서 이 재판소의 관할권에 관한 문제만큼 큰 법적 문제는 없다고 생각합니다. 그렇기 때문에 소인 1~52는 법적인 차원에서 전쟁범죄가 될 수 없다고 봅니다. 그에 따라 즉각 기각하기를 요청합니다.

이상 첫 번째 이의 제기입니다.

두 번째 이의 제기는 다음과 같습니다.

〈포츠담선언〉의 수락이란 7월 26일을 기준으로 연합국과 일본 사이에 존재하던 전쟁, 즉 당시 일본에서 '대동아전쟁'이라고 부른 전쟁을 종료하는 국제적 선언이었습니다. 그러므로 전쟁범죄라 한다면 그때 당시에 존재한 전쟁, 여러분이 말하는 태평양전쟁에서의 전쟁범죄를 지칭합니다. 태평양전쟁에 포함되지 않고, 이미 과거에 끝난 전쟁의 범죄를 기소한다는 것은 결단코 생각할 수 없는 일입니다.

그러므로 우리가 실로 의문을 품는 것은 랴오닝, 지린, 헤이룽장, 러허 지방에서 행한 일본 정부의 행동을 전쟁범죄라 일컫는 일입니다. 이는 만주사변을 선전포고 없는 전쟁이라 보기 때문이라 생각하는데, 만주사변의 결과로 만주국이 성립됐고, 만주국은 많은 국가가 승인했습니다. 여기에는 소련을 대표하는 재판관도 있지만, 소련은 만주국을 승인한 바 있습니다. 소련은 만주국에 동청철도를 매각한 바 있습니다. 만주국을 국가로 보지 않았다면 이를 매각하는 일은 생길 수 없으므로 우리는 소련이 만주국을 승인한 것이라고 보고 있습니다.

그렇게 본다면 랴오닝, 지린에 관한 사건은 먼 과거의 일로서 태평양전쟁에는 포함되는 일이 아닙니다. 그렇기 때문에 본 소인의 기각을 요구합니다.

검사 측 반론

변호사 기요세 이치로의 변론은 크게 세 가지를 지적했다. 첫째 〈포츠담선언〉은 일본만이 아닌 연합국에도 적용되는 원리라는 점이다. 둘째 〈포츠담선언〉 수락 당시 전쟁범죄가 아닌 행위에 대해 법적인 처벌을 하는 것은 옳지 않다는 점이다. 셋째 기소된 전쟁범죄 중에서도 태평양전쟁 이외의 행위를 포함하는 것이 잘못됐다는 점이다. 이에 대해 키넌 수석검사는 다음과 같이 반론을 펼쳤다.

키넌 수석검사의 반론
세계 인구의 절반 내지 3분의 2를 차지하는 11개 연합국은 일본이 침략전쟁을 하는 동안 살인과 약탈을 일삼아 막대한 자원과 한탄스럽게도 엄청나게 많은 수의 인명을 잃었는데, 11개 연합국이 단지 수수방관하면서 재판을 실시하지 않고 세계적인 참화를 가져온 책임자를 처벌할 수 없다는 게 말이 되는가? 또 11개국은 이 침략전쟁을 무력으로 종식했는데, 이 침략전쟁의 책임자를 아무 일도 없었던 것처럼 그대로 두란 말인가?

(중략)

변호인은 본 신청(청원-옮긴이)의 진정한 근거로서 〈포츠담선언〉 조항과 관련해서 '전범'이란 용어를 언급했다. 이에 〈포츠담선언〉 6항에 따라 "우리는 무책임한 군국주의가 이 세상에서 사라지지 않는 한 평화와 안보와 정의가 보장되는 신질서가 생길 수 없다고 보기 때문에, 일본 국민을 기만하여 세계 정복을 꿈꾸게 한 과오를 범한 자의 권력자와 세력은 영구히 제거돼야 한다"라고 삼가 법정의 주의를 환기하고 싶다.

(중략)

〈항복문서〉 2항은 "우리는 이로써 일본 대본영과 모든 일본군과 일본의 지배를 받는 군대가 현재 어디에 있건 연합국에게 무조건 항복함을 포고한다"라고 규정했다.

〈항복문서〉 3항은 "우리는 이로써 모든 일본군과 일본 국민이 현재 어디에 있건 적대행위를 즉각 중단하고, 모든 선박·항공기와 군용 및 민간 재산을 보존하고 그 훼손을 방지하며, 연합국 최고사령관이나 그의 지시에 따라 일본 정부의 여러 기관이 부과할 수 있는 모든 요구에 응할 것을 명한다"라고 돼 있다.

〈항복문서〉 5항은 "우리는 이로써 연합국 최고사령관이 본 항복을 유효화하기 위해 적당하다고 간주하여 그 자신이나 그의 위임에 따라 발한 모든 포고·명령·지시를 모든 관청, 육군 및 해군의 직원들이 준수하고 집행할 것을 명하며, 모든 상기 직원은 연합국 최고사령관이나 그의 위임에 의해 명확하게 해임되지 않는 한 각자의 위치에 남아 각자의 비전투적 임무를 계속 수행할 것을 지시한다"라고 정했다.

나는 변호인이 이의 제기한 재판소 헌장은 상기에 정해진 명령의 하나로 〈일반명령〉 1호에서 비롯된 명령이라는 사실에 삼가 법정의 주의를 촉구하고 싶다.

〈항복문서〉 6항은 "우리는 이로써 천황, 일본 정부, 그리고 그 계승자들이 연합국 최고사령관이나 그 밖의 특정 연합국 대표자가 〈포츠담선언〉의 조항들을 성실히 이행하고 이 선언을 실행하기 위해 요구하는 모든 명령을 발하고 모든 조치를 취할 것을 보장한다"라고 규정했다.

마지막으로 〈항복문서〉의 8항은 "천황과 일본 정부의 국가통치권은 본 항복 조항의 실시를 위해 적당하다고 생각하는 조치를 취할 연합국 최고사령관에게 종속된다"라고 했다.

〈항복문서〉의 해석에 관해 해당 〈항복문서〉가 '조건부'였다고 하는 변호인 측의 허위 주장을 단호하게 기각하는 것이 중요하다.

(중략)

본 법정에 제출된 정확한 법적 명제라는 것은, 지구의 넓은 영역에서 침략전쟁이란 재난을 가져온 책임이 있는 개인을 처벌함으로써 문명을 구하기 위한 유효한 방어수단을 취하려고 하는 문명국가 국민의 능력에 대한 명백한 도전을 의미한다. 이는 이러한 신청을 한 변호인들이 파멸을 초래하는 권력을 획득하고 파멸을 계획하고 준비하고 개시한 지도자, 지휘관과 관리가 법의 심판을 받지 않아도 된다고 주장하기 때문이다.

여기에서 필연적으로 도출되는 것은, 이러한 지도자들이 처벌되지 않은 채 그들의 지배와 명령에 복종한 무력하고 기만당한 사람들과 희생자, 그 밖의 수백만의 무고한 개인이 이 지도자들의 행위가 초래한 헤아릴 수 없는 고난을 견뎌야 한다는 것이다. 그리고 이러한 내용이 법에 보장돼 있다고 주장하고 있다.

그렇다면 인류는 형식적 법치주의에 굴복함으로써 법의 구속에 놓여, 책임이 있는 범죄인들을 처벌하지 않은 채로 두어야 하는가? 그동안 질서가 유지돼 온 사회가 수수방관하고 무관심의 방관자적인 태도를 취하며 우리 자신이 문자 그대로 파멸을 기다려야만 한다고 생각하는 것인가? 그것은 인류가 자신을 구할 법의 힘이 없다고 주장하는 것과 같다.

(중략)

변호인 측의 이의 신청은 1945년 7월 당시 일반적인 관념에 따라 '전범이란 전쟁을 개시한 후에 전쟁의 법규와 관례를 위반하고 종전의 국제법과 관행에 따라 처벌에 부칠 수 있는 자다'라는 극히 좁은 의미의 주장이다.

그러나 1919년 일본을 포함한 〈베르사유조약〉의 여러 체약국은 '국제도의國際道義와 조약의 존엄에 대한 중대한 범죄'에 따라 빌헬

름 2세(당시 독일제국의 황제-옮긴이)의 재판에 대해서 규정했다.

또 1920년에 일본을 포함한 국제연맹 가맹국은 평화적인 해결을 규정하는 〈연맹규약〉에 반해 개시된 전쟁이 모든 연맹국에 대해 벌이는 전쟁행위라고 합의했다. 이리하여 〈연맹규약〉에 위반하는 전쟁은 위법이고 이에 동반되는 폭력행위가 어떤 것이든 국제사회에 대한 범죄로서 평가받았다.

〈국제분쟁의 평화적인 해결에 관한 제네바의정서〉는 48개국 대표가 서명했는데, 여기서 특히 "침략전쟁은 국제범죄를 구성한다"라고 규정했다. 계속해서 1927년 국제연맹 제8차 총회에서 거의 같은 내용이 만장일치로 결의됐다. 일본은 두 문서의 체약국이었다.

(중략)

1928년 8월 27일 파리에서 조인된 〈파리부전조약〉에 의하면, 체결국은 엄숙하게 국제분쟁 해결을 위해 전쟁에 호소하는 것은 옳지 않다고 선언한 후에 각국 간 상호관계에서 국가정책 수단으로서의 전쟁을 포기한 바 있다.

이후에도 이 문제를 두고 변호사 측과 검사 측은 오랜 기간 반박을 했으나, 결국 재판부가 각하 결정을 함으로써 재판은 속개됐다.

도쿄 전범재판의
후반전

도쿄 전범재판의 후반전은 검사 측의 주장 입증 단계로서 여러 증인을 통한 사실 입증에 초점을 두었다. 이 책에서는 주로 중국과 전쟁하면서 벌어진 만주국 건국 문제, 난징대학살 등을 살핀다.

검사 측의
사실 입증

키넌 수석검사 모두진술(1946년 6월 4일)

본 재판은 아마도 역사에서 가장 중요한 재판 가운데 하나가 될 것이다. 각 정부를 구성하고 이를 대표하며 세계 인구의 절반 이상을 차지하는 11개국에 중요할 뿐 아니라 본 심리가 세계 평화와 안전 보장에 지대한 효과를 가져오므로 상기 이외의 모든 국가 및 국가의 미래 세대에게도 중요하다.

본 심리를 개시하는 데 본 건의 고발을 지휘하는 자들은 반드시 그 목적을 명백하게 해두어야 한다. 우리의 포괄적인 목적은 정의의 집행이고, 우리의 구체적인 목적은 우리의 유효한 수단을 그 목적(침략전쟁에 따른 참화 방지-옮긴이)에 바치는 것이다.

이 재판을 일반적인 재판이 아니라고 하는 것은, 재판을 통해 전 세계를 파괴에서 구하기 위한 확고한 문명의 전쟁 일부를 수행하고 있기 때문이다. 이 파괴의 위협은 자연의 힘에서 유래한 것이 아니라 지배하고자 하는 광기의 야심을 바탕으로, 이 세계에 종말을 의도적으로 초래하고자 한 집단의 구성원으로서의 개인이 신중하게 의도한 행동에서 비롯했다.

피고인들을 포함한 전 세계의 극히 일부 사람은 법을 스스로 장악하고 그 의도를 인류에게 강요하고자 했다. 그들은 문명에 대항해 전쟁을 선포했다. 그들은 규칙을 제정하고 문제를 정의했다. 그들은 민주주의와 그 필수 기반(인간 개인의 자유 및 그 존엄-옮긴이)을 파괴하려고 결심했다. 그들은 인민의, 인민에 의한, 인민을 위한 정부라는 제도가 박멸되고 그 대신 그들이 말하는 '신질서'가 확립돼야 한다고 굳게 믿었다. 그리고 그들은 이 목적을 위해 히틀러 집단과 손을 잡았다. 그들은 히틀러와 공식적인 조약을 맺고 그 동맹을 자랑으로 여겼다. 그들은 기소장에 열거된 여러 민주주의 국가에 대한 침략전쟁을 계획하고 준비하고 개시했다. 그뿐만이 아니다. 그들은 인간을 재산과 인질로 대우했다. 그것은 수백만에 달하는 인간의 살해, 복종과 노예화를 의미했지만 그들은 개의치 않았다. 그것이 세계의 모든 지역 어린이와 노인을 살해할 계획 또는 살해 기도를 포함하고, 모든 공동체가 완전한 소멸에 직면하게 된다는 것도 그들의 관심사가 아니었다. 그것이 그들을 포함한 세계의 순수한 청년들의 때 이른 죽음을 초래한다는 것 또한 고려 사항이 아니었다. 그들은 폭력과 지배자의 입장에서 생각하고 정의라는 목적의 빛을 빼앗았다. 이 계획을 집행하는 데 수백만의 사람이 죽을 가능성이 있었고, 국민의 자원이 파괴될 가능성이 있었지만, 이러한 예견된 참극도 동아시아, 나아가서는 전 세계의 통치와 지배를 꿈꾼 그들의 광기 어린 계획에서는 고려사항이 아니었다. 이것이 그들의 공동모의가 의미하는 바였다.

우리는 다음과 같은 문제에 직면하고 있다. 지금 이 순간 존립의 위기에 직면한 것으로 판단되는 문명이 이 무도無道를, 이를 방지하려는 시도조차 없이 수수방관해야 하는가 하는 것이다.

우리 시대의 전쟁이 과거 전쟁과는 전혀 다른 것임을 이해하는 데에는 어떤 주의나 환기도 필요하지 않다. 지금 이 순간에도, 나아가 미래에도 모든 전쟁은 장소 및 영토에 한계가 없을 것이다. 노인이나 젊은이, 무장한 자나 비무장한 자도 희생자가 될 것이고, 대도시의 집부터 시골의 작은 집에 이르기까지 파괴에서 면할 방법은 거의 사라졌다.

미래의 전쟁은 문자 그대로 한 문명뿐만 아니라 살아 있는 모든 존재를 위협하는 것이라고 반복해서 말하는 것조차 진부한 것으로 치

부될 만큼 자명한 이치가 되고 말았다. 평화는 늘 인류의 소원이었지만, 평화의 문제는 바야흐로 기로에 서게 됐다. 왜냐하면 우리가 알고 있던 파괴의 도구는 인간이 상상할 수 있는 극단에 이를 만큼 도를 넘어섰기 때문이다. 우리의 문제는 이제 문자 그대로 '사느냐 죽느냐?'에 대한 답인 것이다.

이 문제에 대한 대답을 도출하기 위해서는 이해와 합의에 이르기 위한 한없는 인내와 관대함 그리고 열렬한 노력이 필요하다. 우리와 관계가 있는 것은 이 문제의 일부에 지나지 않는다. 본 법정에서 우리에게 부여된 권한에 의거하여 올바르고도 유효한 방법 아래서 앞으로 다가올 전쟁을 방지하기 위해 우리는 무엇을 할 수 있을까? 본 재판에서 우리의 목표는 공직公職 또는 그 밖의 지위에서 침략전쟁을, 특히 유효한 조약, 타국과 맺은 계약 및 협정을 위반하는 침략전쟁을 계획하는 국가의 개인은 통상의 중범죄인이며, 따라서 과거 모든 지역에서 살인자, 산적, 해적 또는 도적이 행한 범법에 상당하는 것임을 받아들이고 이미 인지하고 있는 규칙을 확인하는 것이다.

- 100만 명의 생명을 파괴할 계획을 세우고 이를 실행하는 것이나, 단 한 사람의 살해를 계획하고 이를 실행하는 것이나 불법행위라는 점에서는 같다. 나아가 국가의 법률 및 제도의 지지를 받고 한 살육이라는 이유로 그 범죄 자체가 결코 형벌에서 면제될 수는 없다.
- 피고인들은 본 재판의 합법성에 이의를 제기하고 있지만, 이 이

의는 모두가 문명의 파괴를 방지하기 위해 유효한 수단을 강구하는 문명국의 능력에 대한 분명한 도전이라고 하지 않을 수 없다. 그러므로 우리가 만일 우리에게 주어진 책무를 다하지 못하고 세계를 파괴로 이끄는 폭력에 대해 종지부를 찍지 못한다면, 이 실패는 그 자체가 범죄를 구성하는 일이 될 것이다.

• 기소장이 근거로 삼고 있는 법에 대해 한 마디 언급하자면 제1의 범죄는 공동모의다.

• 제2의 범죄는 기소장에 있는 불법행위인데, 그 본질적인 요소는 침략전쟁이다.

• 공동모의에 참가한 각 개인은, 공동 계획을 추진하고 공동모의에 참가한 다른 자가 범한 개개의 행위에 대해서도 큰 책임이 있다. 일본 정부에서 권력을 차지하고, 그 권력을 통해 불법 전쟁을 공동모의하고 계획하고 준비하고 개시하고 실행한 피고인들은 그 전쟁으로 발생한 온갖 범죄행위에 대해 책임을 져야 할 것이다.

• 이처럼 개인이 국가의 수뇌자로서 범한 불법행위에 대해 개인으로서 죄를 묻는 일은 역사에서 처음 있는 일로 실로 그 선례를 볼 수 없다. 그러나 우리는 문명의 존재 그 자체에 관한 엄연한 현실에 직면해 있다. 최근의 과학 발달에 따라서 다음 전쟁은 필연적으로 문명의 파멸을 가져올 것이다. 이는 이론이 아니라 오늘날에는 사실로 나타나고 있다.

• 국가 자체는 조약을 깨지도 않았고, 또한 공공연한 침략전쟁을 행하지도 않았으며, 책임은 바로 인간이라고 하는 기관에 있다.

이들 피고인의 불법행위의 결과는 모든 범죄 중에서도 가장 오래된 범죄인 살인을 구성하고, 인명에 대한 불법 내지는 부당한 탈취가 됐다. 우리가 요구하는 처벌은 이러한 불법행위에 상응하는 처벌이다.

검찰은 수석검사의 모두진술이 끝난 후 본격적으로 피고인의 죄상을 입증해 나가기 시작했다. 처음으로 입증한 것은 '일본의 〈헌법〉과 정부 조직'에 관한 것이었다. 이는 일본 〈헌법〉과 정부 조직이 전쟁을 초래한 원인이자 전쟁을 수행한 조직이라고 여겼기 때문이다. 다음으로 입증한 것은 '전쟁의 여론 형성'에 관한 것이었다. 전쟁을 본격적으로 개시하기 위해서 국민을 상대로 전쟁 여론을 형성해 나갔다는 내용인데, 주요한 진술은 아래와 같다.

전쟁 여론의 형성

증인 도널드 로스 뉴젠트Donald Ross Nugent (미국 해병대 중령)의 증언

검사 증인의 경력은?

증인 스탠포드대학을 졸업한 후 1937년 3월부터 1941년 3월까지 일본에 머물렀고, 와카야마상업고등학교, 오사카의 히가시상업학교, 와카야마상업학교에서 영어와 경영학 등을 가르쳤다. 주로 해병대의 정보 부문에서 근무했고, 현재는 미국 해병대의 중령으로 연합군 총사령부 민간정보국 국장이다.

검사 학교의 교련에 대해서, 가르쳤던 일본의 학교에서 교련이 실시됐는가?

증인 밀집 교련, 행군, 야외 연습, 무기 사용, 강의 등이 실시됐다.

검사 교련의 상세한 내용은 어땠는가?

증인 와카야마상업고등학교는 일주일에 한 시간 반에서 다섯 시간 동안 진행했다. 또한 연습, 행군, 검열 등도 실시했다. 와카야마상업학교에서는 약간 적었다. 내가 일본에 머무르는 동안 교련 시간은 눈에 띄게 증가했고, 1941년에는 군사 장려·칭송 과목을 포함해서 전 수업시간의 30~40퍼센트 정도가 됐다. 대상은 중학교 이상의 남자학교였다. 내용은 야전, 시가전, 총검부터 기관총 사격에 이르기까지의 무기 조작이었다. 교관은 배속장교로 병과는 보병이었다. 계급은 각기 다르지만, 와카야마상업고등학교에서는 중령이었다. 교원의 일원으로서 활동했다.

검사 연합군 총사령부 민간정보국 국장으로서의 임무는 무엇인가?

증인 일본의 교육, 종교, 미술품 등을 보호·보존하고, 일본인에게 전하는 미디어 정보에 대해서 연합국 최고사령관에게 조언하는 것이다.

검사 교육에 관한 조언을 하기에 앞서 일본의 교육제도와 그것이 일본인의 정신 구조에 끼친 영향에 대해서 스스로 조사하거나 조사를 명령하기도 했는가?

증인 조사 내용은 1925년부터 종전에 이르기까지의 교과서, 교사용 지도서, 관련 법제·명령의 조사, 교육 관계자에게서 사정을 듣는 것 등이었다.

검사 자신의 경험과 조사에 판단해서 교련 등이 학생에게 어떤 영향을 미쳤다고 생각하는가?

증인 내 판단에 초국가주의, 군국주의, 광신적인 애국심, 권력에 맹종, '대동아공영권'에서 일본의 주도적인 역할에 대한 신념 등을 고취했다.

검사 증인의 견해에는 그와 같은 교육이 지금까지 진술된 내용 이상의 영향을 가져왔을 가능성이 있다고 생각하는가?

증인 대일본제국의 사명, 일본 문화의 우월성, 대동아공영권과 팔굉일우八紘一宇*의 이념 달성을 위한 군사력 행사의 필요성을 고취했다.

증인 가이고 도키오미海後宗臣(도쿄제국대학 조교수)의 증언

검사 증인의 경력은? 일본 학교에서의 교련에 대해서, 초등교육에서 군사교육이 이루어졌는가?

증인 도쿄제국대학 조교수로서 10년간 재직했다. 전공은 교육사, 특히 근현대교육사였다. 초등·중등교육은 이바라키현 미토에서 받았고, 구마모토제5고등학교에서 배운 뒤에 도쿄제국대학에서 3년간 공부했다. 메이지유신 전 800년 동안 무가武家정권이 지속된 영향

팔굉일우
제2차 세계대전 시 일본이 자국의 해외 진출을 정당화하는 구호로 사용한 용어로, 한 지붕 아래 있는 세계라는 뜻.

으로 교육에 무단적武斷的인 색채가 강했다. 그 전통을 이어받은 메이지시대에도 교육에서 군사적인 색채가 강해졌고, 전시 중에 특히 그랬다. 1886년 학제 개혁의 결과 조련이 초등교육에 도입됐다. 이것을 교련이라고 부른다면 교련의 효시라고 할 수 있다. 체육수업에 조련을 포함한 것이다. 이러한 움직임은 청일전쟁 후에 강화됐다고 생각한다.

검사 교련은 제1차 세계대전에 이르는 기간과 그 이후에도 계속됐는지, 변화는 없었는가?

증인 제1차 세계대전 이후에도 계속됐는데, 1925년에 각 학교에 육군 현역 장교가 배속됐고, 이듬해에 청년훈련소가 설립된다는 조치로 강화됐다.

검사 강의뿐만 아니라 실제 교련이 필수가 됐던 것은 언제인가? 교련과 군사 관련 과목에 중점을 두기 위한 교육제도 개편이 이루어지지 않았나?

증인 1939년 9월 소총 사용을 동반한 야외 연습이 도입됐다. 야외 연습 이외에는 강의뿐이었다. 1941년 11월부터 대학에서 야외 연습 때가 아니어도 소총 훈련이 일상화됐다.

검사 1937년에 교육제도가 개편됐을 때 교련·군사 관련 과목 이외의 과목에 개편이 있었는가?

증인 같은 해 심의회에서 의론議論된 내용은 일본의 교육제도를 개편하고 '황국皇國의 도에 따르는' 것에 중점을 두었다.

검사 학교에서 이루어진 국민문화교육에 대해서 묻겠다. 일본문화는 수업에서 배웠는가? 몇 학년부터 배웠고, 그 내용은? 그와 같은 교육이 가져온 결과는?

증인 1학년부터 배웠다. 과목으로서 좁은 의미의 일본문화 수업은 없었지만, 더 넓은 의미로 각 과목에서 일본의 국가로서의 우월성을 배웠다. 학생은 일본이 강국이고 그 국위를 세계를 향해 선양해야 한다고 배웠다.

검사 학생에게 일본인의 민족적 우월성을 심어 주었는데, 그와 같은 교육은 효과가 있었다고 생각하는가?

증인 내 판단에는 일본이 위대한 국가라고 하는 훈육은 학생들에게 효과를 주었다고 생각한다.

만주사변

① 일본은 1928년까지의 침략정책에 따라 〈랴오둥반도에 대한 99년간의 조차권〉, 〈남만주철도에 대한 99년간의 조차권〉, 〈만주에서 다른 철도의 경영권〉, 〈단둥, 펑톈, 잉커우에 일본인 거류지 설치권〉, 〈'특별관리' 고용의 우선권〉, 〈우체국 설치 및 전신전화 업무 경영권〉, 〈광업·임업의 우선권〉, 〈철도·외교공관 수비병의 주둔권〉 등의 권리를 획득했다.

주병권駐兵權*이 악용돼 규정 이상의 병력이 주둔하게 해 만주에 병력을 집중할 수 있었다.

② 1927년에 다나카 기이치田中義一 내각이 발족하면서 일본의 대만주정

주병권
주둔하는 병사에 대한 권리.

책을 적극적으로 펼쳤고, 기득권을 발판으로 만주 전역에서 치안유지의 담당을 계획했으며, 1927년 5월과 1928년 4월 두 번에 걸쳐 산둥 출병을 감행하기에 이르렀다.

③ 이 배경에는 일반적인 외교 수단을 통한 정책에 군부가 만족하지 않았다는 사정이 있었고, 군부는 만주에서 사변을 일으켜 이를 구실로 전 만주를 점령하여 괴뢰정권을 세우려고 기도했다. 이에 관해서 다음 내용을 입증한다. 즉 '1931년 9월 18일 야간에 도쿄 참모본부 및 만주 관동군의 일부 육군 장교 또는 민간인이 사변을 일으킨 일', '이를 구실로 만주 및 러허성, 덧붙여 내몽고에 대한 무력 점령을 기도했던 일', '만주에 관동군이 지배·통제하는 괴뢰정권을 세운 일', '일본이 그 괴뢰정권인 만주국을 1932년 9월에 정식 승인했지만, 1945년 9월에 이르는 동안 관동군을 통해 지배한 일', 또는 '일본이 만주를 1945년 9월까지 중국 침공의 기지로 이용한 일'이다.

④ 그 상세한 내용은 이하와 같다.

1931년 9월 18일 밤 일본군의 음모 담당자는 펑톈 교외에 있는 남만주철도를 폭파했고, 그 책임을 중국 측에 떠넘겼으며, 미리 들여놓았던 중포重砲로 북대영北大營의 포문을 열어 관동군이 작전 행동을 개시하게 하는 동시에 조선주둔군이 월경해서 만주로 진공하게 하고 이에 합류했다.

국제연맹의 조사단이 그 조사를 끝내기 전에 일본군은 만주 전체를 점령하여 기정사실화했다.

현지 주민 간에 분리독립운동을 지지하는 움직임은 없었는데, 1932년 봄 무렵까지 청나라 전 황제 푸이溥儀를 집정(후에 황제-옮긴이)으로 하여 만주국이 건국됐다. 만주국 정부는 관동군이 실질적으로 지배하여 인사권을 장악했고, 재정·경제·금융도 통제하여 일본과 지역경제권을 형성하기에 이르렀다.

일본은 1932년 9월 15일에 만주국을 정식으로 승인했지만, 일본의 만주에 대한 실질적인 지배는 일본이 항복할 때까지 계속됐다. 푸이는 명목뿐인 황제로 정책은 관동군 사령관이 주도했고, 관세關稅 자주권도 빼앗겨 그 경제는 일본경제와 일체화됐다.

1933년 봄 일본은 현지 주민의 의사를 무시하면서 러허성도 만주국에 편입했다.

일본은 허베이에도 침략을 계속했지만, 1933년 5월 31일 체결된 〈탕구塘沽 정전협정〉으로 침략이 일단락됐고 만리장성을 경계로 하는 허베이성 북부가 중립지대가 됐다.

1935년 5월 지나주둔군 사령관 대장 우메즈 요시지로는 국민당 정부에 허베이성에서 국민당 군사 세력과 항일분자의 퇴거를 요구했다. 이것이 화베이 분리공작의 시작이다.

우메즈 요시지로와 관동군 사령관 대장 미나미 지로, 대령 도이하라 겐지가 공모하여 이 공작을 추진했음을 입증한다. 이 공작은 1935년 11월 25일에 지둥 방공防共 자치정부의 발족이라는 형태로 결실을 맺었다. 관동군이 지방정권에 정치적·경제적인 압력을 행사한 결과다.

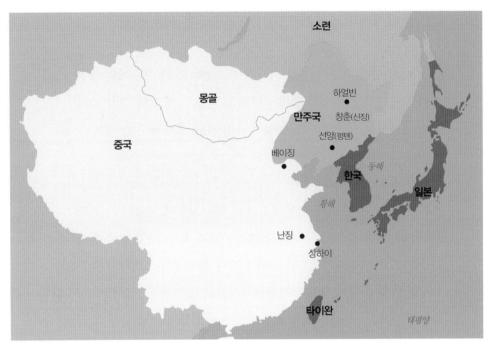

■ 만주국과 주변 지도

1935년 1월에 내몽고의 일부가 만주국에 편입됐다. 그 후 지나 주둔군의 병력이 증강돼 내몽고, 만주, 소련의 국경이 접하는 지역에서 분쟁이 빈발했고, 광범위한 지역이 일본의 정치적·경제적 지배에 놓였다.

⑤ 이상과 같은 만주 및 여타 지역에 무력행사의 공동모의의 추진은 일본이 조인했고, 무력에 의한 분쟁 해결을 금지한 〈헤이그조약〉, 〈베르사유조약〉, 〈파리부전조약〉 등의 국제법규를 위반하

여 행해졌다.

이와 같은 행위에 가장 적극적으로 참여한 피고인 여덟 명은
아라키 사다오, 도이하라 겐지, 하시모토 긴고로, 히로타 고키, 이타
가키 세이시로, 마쓰오카 요스케, 미나미 지로, 오카와 슈메이다.

증인 푸이(전 만주국 황제)의 증언

푸이는 1909년 세 살에 선통제로서 청제국 황위에 올랐지만, 신해
혁명으로 중국 정부가 탄생하자 폐위당한 후 1934년 만주국 황제
가 됐다. 1945년 8월 일본의 패전에 따라 만주국이 소멸하자 같은
해 8월 19일 소련에 체포돼 억류됐다가 도쿄 전범재판 증언대에 모
습을 드러냈다. 푸이는 만주국의 건국과 관련한 증언과 만주의 위
기, 관동군의 역할, 일본 문관들의 역할, 천황과 자신의 관계 등을
증언했다. 푸이의 증언은 1946년 8월
16일부터 시작됐다.

검사 성명, 경력은?

증인 만주 이름은 아이신줴뤄愛新
覺羅 溥儀다. 1906년 베이징에서 태
어났다. 1909년에 청조 황제로서 즉
위했다. 1911년 중국 성립 후에도
중국 정부와 합의해 연간 400만 위

▎ 푸이

안의 세비를 얻어 베이징 자금성에서 거주했다.

(중략)

검사 만주국 건국 당시 일본 측 선전의 실태는?

증인 만주국 건국 당시 일본 측의 선전과 사실 간에는 괴리가 있었고, 만주국은 독립국으로 선언됐지만 그 실체는 달랐다.

검사 만주국의 원수가 되는 것을 당초 거절한 이유는?

증인 괴뢰국가가 되는 것이 명백했기 때문이다.

검사 만주국 집정이 되는 것을 최종 승낙한 이유는?

증인 일본군이 만주를 실효적으로 지배하는 상황에서 계속 거부하면 나에게 위험이 미친다고 생각했다. 일본군에 저항할 힘을 기르기까지 시간을 벌려고 생각했다.

검사 만주국의 실제 통치자는?

증인 관동군 사령관 혼조 시게루本庄繁[*]와 그 부하, 특히 이타가키 세이시로였다.

검사 건국 당시 당신에게 약속된 것은? 그리고 약속 이행의 상황은?

증인 만주국은 독립국으로서 나에게 통치권한이 부여된다고 했지만, 실제 통치

혼조 시게루
혼조 시게루는 1945년 전범으로 체포 명령이 내려지자 11월 30일 육군대학 내 이사장실에서 할복자살로 생을 마감했다.

리턴조사단
1931년 만주사변의 원인과 중국·만주의 여러 문제를 조사하기 위해 국제연맹이 파견한 조사단이다. 영국인 리턴Victor A. G. R. Bulwer-Lytton이 대표였다. 조사단은 만주의 주권이 중국에 있다고 명백하게 선언했으며, 1931년 일본의 군사행동이 자위권의 행사에 해당하지 않는다고 적시했다. 일본은 리턴조사단의 조사 결과에 불응하여 1933년 국제연맹을 탈퇴했다.

┃ 류타오후 부근 철도 폭파 지점을 조사하는 리턴조사단

권한은 없었다.

검사 리턴Lytton 조사단*에게 뭔가 말했는가?

증인 리턴조사단이 창춘에 머무르는 중에도 일본군의 감시를 받았기 때문에 진실을 알릴 수 없었다.

검사 리턴조사단에게 언급하지 않은 것은 조사단이 떠난 후에 일본군이 위해를 가할 위험이 있었기 때문인가?

증인 증인뿐만 아니라 만주국인 관헌과 민중도 마찬가지로 진실을 알리는 것이 금지됐다.

(중략)

검사 만주국 황제 즉위와 그 후에 대해서 묻겠다. 제정帝政 이행의 과정은?

증인 관동군 사령관 무토 노부요시武藤信義와 그 후임인 히시카리 다카시菱刈隆가 제정으로 이행을 언급했고, 히시카리는 만주국 황제의 지위를 부여할 것을 시사했다.

검사 황제로서의 지위와 권한은?

증인 주권국 황제로서의 지위와 권한은 법적으로 인정됐지만, 명목상의 것으로 실제 권한은 관동군이 장악했다.

검사 국무대신과 차관의 관계는?

증인 정부성청政府省廳의 대신은 중국인이 임명됐지만 차관은 대부분 일본인이 임명됐고, 실권은 일본인 차관이 장악했다.

검사 만주국의 정치 실태는?

증인 관동군 참모부 4과와 일본군이 취임한 만주국 정부 내 총무장관의 의사결정이 아니면 아무것도 할 수 없었다. 그 실태에 불만을 제기한 만주인 관헌이 암살된 적도 있었다. 증인의 부인인 황후의 독살은 일본군이 자행했다.[*] 일본이 만주 식민지화를 추진한 배경에는 팔굉일우의 개념이 있었다는 것을 관동군 중장 요시오카 야쓰나오吉岡安直와 후의 관동군 사령장관 우메즈 요시지로(당시 중장-옮긴이)에게서 들었다.

검사 증인의 종교생활의 자유에 대해서는?

증인 일본은 만주국을 군사적뿐만

---

[*] 푸이의 후비인 탄위링은 1942년 사망했으나, 사인은 병사로 확인되었다.

아니라 종교적으로도 침략했고, 요시오카의 종용으로 방일했을 때 천황에게서 세 가지 신기神器 중 두 가지인 칼과 거울을 받았고, 신도*가 지배하는 만주를 기도했다. 1940년에 방일했을 때 일본 황실에서 받은 거울은 일본 신화에 의하면 '아마테라스 天照大神'라고 한다. 그것을 만주로 가지고 돌아갔던 것은 생애 최대의 굴욕이었다. 일본은 만주를 식민지화한 후에 중국, 동남아시아, 전 세계를 지배하려고 했다. 신도가 만주국 황제뿐만 아니라 만주국 민중 전반에게 강요됐고, 그로써 천황을 존경할 것을 강요했다.

검사 피고인 호시노 나오키의 권한 또는 역할은 어떤 것이었는가?

증인 만주국 총무장관 호시노 나오키가 이끄는 만주국의 산업, 금융이 모두 일본인의 지배에 놓여 있었다.

▌ 아마테라스 오미카미
신도가 모시는 최고의 신으로, 태양을 신격화한 것이다. 아마테라스가 천황에게 세 가지 신기인 구슬, 칼, 거울을 하사했다고 한다.

신도
일본인의 민족 신앙인 동시에 도덕·윤리를 포함하는 문화 현상이라고 할 수 있다. 일본의 대표적 종교시설이라고 할 수 있는 신사는 신도의 터전이라고 할 수 있다.

검사 (만주국에서의 경제·산업 통제에 대해서-옮긴이) 전매업으로 일본이 통제한 그 밖의 물품을 알고 있는가?

증인 만주에서 〈전매법〉 시행으로 일반인이 입수할 수 없게 된 물품은 면포(무명-옮긴이) 등 다양했고, 쌀의 사적 매매도 금지돼 민중의 생활고를 야기했다. 전매품은 쌀뿐만 아니라 철강, 섬유 등 광범위했고, 모두 관동군이 입안해 일본인 총무장관이 실행했다. 금융도 총무장관의 통제를 받았고, 만주인은 저축이 의무화돼 일본이 항복한 시점에 그 총액은 60억 달러에 달하여 환산하면 만주국인 1인당 150달러였다. 일본에서 만주로의 이민은 모두 600만 명에 달했고, 현지 중국인에게서 사들인 농지를 주었지만, 중국인 전前 토지 소유자에게는 보상이 거의 이뤄지지 않았다.

검사 만주국인의 여행 또는 이동의 자유에 대해서는? 여행을 위해 어떤 허가가 필요했는가? 연령 제한이 있었는가?

증인 자국 내의 여행조차 자유롭게 할 수 없었고, 열다섯 살인지 열여덟 살부터 쉰다섯 살까지 만주국인에게는 거주증명서가 발행됐다. 이로써 일본이 만주국인의 이동의 자유를 박탈한 것을 증명할 수 있다.

검사 관동군의 소련에 대한 전쟁 준비는 어땠는가?

증인 관동군의 계획은 최고 기밀이었기 때문에 숙지하지 못했지만, 철도 건설 상황을 보면 소련에 대한 침공 의도가 있었다. 그 반면 소련의 만주 침공 의도는 없었다.

검사 만주국은 독립국이었는가?

증인 만주국은 일본이 완전히 지배했다. 만주국인은 저항할 의사는 있었지만, 당시 상황에서는 불가능했다.

난징대학살

샹저쥔 검사는 검찰 주장 입증 5국면 〈중국 관련 잔학행위〉를 모두 진술했다.

제시되는 것은 중국에서의 민간인 및 기타에 대한 잔학행위이고, 일본이 수행한 전쟁 및 그 목적을 상징한다. 제시하는 증거로 확인된 민간인에 대한 범죄행위는 살인 및 학살, 고문, 강간, 강탈, 약탈 또는 무차별적인 파괴다.

인도적으로 볼 때 일본군의 범죄는 모든 점령 지역에서 전 기간에 행해졌다. 이와 같은 잔학행위는 만주사변을 통해서 중국 전역에서 볼 수 있었고, 그 대표 사례가 1937년 12월 13일 난징 함락 후 일어난, 역사에서 '난징대학살'로 불리는 사건이다. 일본군 병사는 당시 현지 지휘관이었던 피고인 마쓰이 이와네와 도쿄의 군 상층부의 허가를 받아 중국 민중의 항전抗戰 의사를 꺾기 위해 40일 이상에 걸쳐 만행을 지속했다. 이것에 관한 증거가 제시된다.

이는 장교와 도쿄 통수부의 완전한 양해와 동의를 얻어 자행한 잔학행위로 중국 민중의 온갖 항전의식을 영구히 말살하려고 기도한 것이다.

살인을 비롯해서 학살, 고문, 능욕, 약탈 및 파괴가 포함됐고, 난징에서의 사건은 예외적이 아니라 전형적인 것이었으며, 중국 전역에서 전쟁 기간을 통해 총 9만 5000건의 개별 사례가 중국의 사법 당국을 통해 공식 제출됐다. 그에 관한 보고가 현지에서 일본 육군과 정부 당국에 전달됐지만, 잔학행위는 멈추지 않았다. 이것에 관한 증거도 제시된다.

증인 로버트 윌슨 Robert Wilson **박사**(1940년 8월까지 난징대학병원 외과부장)**의 증언**

검사 증인의 경력은?

증인 1906년 10월 5일 중국 난징에서 태어나 프린스턴대학 및 하버드대학에서 의학을 전공했다. 1936년 1월부터 1940년 8월까지 난징대학병원에서 외과부장으로 근무했다.

검사 1937년 가을 무렵에 대학병원의 직원은 난징을 떠났는가? 그렇다면 언제쯤이었나?

증인 11월 하순에 상하이에서 난징에 이르는 도시에서 일어난 사건의 소문을 듣고 '일본군이 난징에 입성하기 전에 도시를 탈출하고 싶다'며 결국 나와 간호사 몇 명만을 남겨둔 채 의사 스무 명과 간호사 마흔 명 내지 쉰 명이 병원을 떠났다.

검사 난징 함락 전에 환자 수는 감소했는가? 1937년 12월 13일을 경계로 상황은 변했는가? 변했다고 한다면 어떤 식이었나?

증인 직원이 줄었기 때문에 환자 수도 줄어들 수밖에 없었고, 갈 곳 없는 환자와 중병으로 움직일 수 없는 환자만 모두 쉰 명 정도였다. 중국군의 저항은 12일 밤에 종식됐고, 일본군은 이튿날 오전인 12월 13일에 입성했다. 그때부터 열흘 동안 병원은 남녀노소의 부상자로 넘쳐났다.

검사 자신이 실제로 본 환자의 실례를 들 수 있겠는가?

증인 경부頸部(목 부분) 뒤쪽에 열상裂傷(피부가 찢긴 상처)을 입은 40대 여성이 있었다. 그 여성과 여성을 이송한 사람들의 얘기를 종합하면 일본군의 소행임이 틀림없다. 복부腹部(배 부분)에 깊게 찔린 상처가 있는 여덟 살 남자아이도 실려 왔다. 또 오른쪽 어깨에 총검 자국이 있는 '료梁'라는 성을 지닌 남성도 있었다. 그에 따르면 일본군은 그를 양쯔강 가로 연행했고, 그는 일본군의 총에 맞아서 강에 떨어진 무리 가운데 유일한 생존자였다. 그는 총에 맞아 죽은 척한 후 어둠을 타서 병원에 겨우 다다랐다. 등에 열상을 입은 우장더吳長德라는 경찰관도 있었는데, 성 밖으로 연행돼 기총소사機銃掃射(비로 쓸어내듯이 기관총을 쏨)를 받고 총검에 찔린 무리에서 유일한 생존자였다. 어느 날인가는 점심을 먹고 있는데 이웃이 다가와서 '일본 병사가 여성을 강간하려고 한다'고 알려 주었다. 그 후 일본군 두 명이 여성 두 명을 강간하는 현장을 목격했다. 그 여성들을 난민 수용소로 사용하던 대학병원으로 데려갔다. 턱 부분에 총검으로 관통한 부상을 입고, 전신 3분의 2에 중증重症의 화상을 입은 남성도 있었다. 그 남성에 따르면, 일본군이 잡아 총을 쏜 후 전신에 휘발유를 뿌려 불을 붙였다. 그는 이틀 후에 사망했다. 머리 전체와 팔 윗부분에 중증의 화상을 입은 남성도 있었다. 그에 따르면 그는 짚

단으로 꽁꽁 묶인 채 휘발유가 뿌려져 불이 붙은 집단에서 유일하게 살아남은 사람이었다. 지금까지 말한 환자 가운데 세 명의 사진이 있다.

검사 어린이도 이송돼 왔는가? 환자들은 상해범傷害犯을 특정했는가?

증인 이미 언급한 여덟 살 아이 외에도 기억하고 있는 것은 두 명이다. 팔꿈치의 뼈가 노출될 정도로 상처를 입은 일고여덟 살 여자아이였다. 증언에 의하면 일본군이 눈앞에서 부모를 죽인 후 여자아이에게 상처를 입혔다. 존 매기John G. Maggie 전도사가 이송해 온 열다섯 살 소녀도 있었다. 강간당했고 검진에서 이 사실을 확인했는데, 2개월 후에 매독 2기 증상이 나타났다. 이들은 예외 없이 자신을 해친 자가 일본군이라고 말했다.

증인 쉬촨인許傳音 (난징 주재 문학박사·난징 안전지대 국제위원회 위원·홍만회* 부회장)의 증언

검사 증인의 이력은 어떻게 되는가?

증인 예순두 살로 난징 태생이다. 난징대학에서 학사학위를 받고 미국 일리노이대학에서 박사학위를 받았다.

검사 대학교육 종료 후의 직업, 거주지는?

증인 철도 관계 일을 하며, 1928년 이

홍만회
1910년대 후반 중국에서 설립된 도교계 수양·자선 단체로, 중국과 만주 지역에서 적십자사에 준하는 조직으로 활동했다.

▎ 1937년 12월 13일 난징에 입성하는 일본군

후 난징에서 살았다.

검사 1937년 12월 13일 난징이 함락될 때 중국군의 저항은 있었나?

증인 함락 전에 약간의 저항이 있었지만 그 이후에는 없었다.

검사 난징이 함락될 때 증인과 난징 안전지대(安全區) 국제위원회와 증인의 관계는?

증인 내 직무는 시내에 들어온 친척이 없는 난민에게 거주지를 제공하는 것이었고, 모두 스물다섯 곳에 난민수용소를 설치했다. 또한 홍만회紅卍會 부회장으로서 국제위원회와 일본을 중개하는 역할을 했다.

검사 당시 난징의 인구는?

증인 안전지대에 20만 이상, 아마도 30만 가까이 됐을 것이다.

검사 일본군 입성 후에 난징 시민에 대한 품행은?

증인 일본 병사들은 대단히 난폭하고 야만적이었다. 도망치려는 기색을 보인 사람, 길거리에 있던 사람, 멈춰 서 있던 사람, 문에서 밖을 내다보고 있던 사람 등 눈에 보이는 사람은 모두 그 자리에서 사살했다.

검사 일본군이 살해하는 것을 목격했나? 만약 목격했다면 구체적인 예를 들었으면 한다.

증인 일본군 장교의 허가를 얻어서 일본인 한 명과 함께 차로 시내를 순찰할 수 있었다. 거리와 집 안에서 여러 자세로 죽은 사람들을 보았다. 그중에는 손상이 심한 시신도 있었다. 일본군이 살인을 저지르는 장면도 맞닥뜨렸다. 길 양측의 시신을 세기 시작했지만, 500까지 세고 나서 소용없다는 것을 깨닫고 그만두었다. 차에는 일본에서 교육을 받은 중국인 한 명도 동승하고 있었지만, 그의 집에 갔을 때는 형과 동생도 살해된 후였다. 이와 같은 상황은 시내에 이르는 곳에서 볼 수 있었고, 일본군은 시민에 대해서 일고의 관심도 기울이지 않았다. 나 자신도 몇 번인가 차에서 끌려 내려질 뻔했지만, 동승한 일본인과 일본어를 하는 중국인 덕분에 무사할 수 있었다. 시신들은 제복을 입은 사람이 아니라 모두 민간인이었다.

검사 일본군은 안전지대에 들어가서 시민을 연행하지 않았는가?

증인 안전지대에 무기를 휴대한 병사의 출입은 금지돼 있었다. 12

월 14일에 일본군 장교가 안전지대위원회 본부에 와서 중국군이 안전지대에 숨어 있어서 수색하고 싶다는 뜻을 말했다. 안전지대위원회는 중국군이 없다고 강조했지만, 일본 측은 듣지 않았다. 다음 날 안전지대위원회의 허가도 없이 일본군은 안전지대를 수색했고, 병사로 의심받은 사람은 연행됐다. 어느 날인가는 난민수용소의 한 곳에 있던 1500명 남짓의 민간인을 데려갔는데, 그 과정에서 홍만회 직원도 연행될 뻔했다. 국제위원회의 욘 라베John Rabe와 조지 피치George Fitch 등에게 연락을 취하여 일본군 특무기관에 설명을 요구했지만 대답이 없었다. 다음 날 아침 기관총 소리가 들려 사람을 보내 찾게 했는데, 연행된 사람들이 살해돼 연못에 수장됐다는 사실을 알았다. 몇 구의 시신은 본 적이 있는 사람이었다. 그 후 다른 난민수용소에서도 마찬가지로 일본군이 '군인'이라고 판단하면 난민을 연행했지만, 모두 민간인으로 아무도 군복을 입거나 무장한 사람은 없었다. 모두 사살된 것으로 생각된다.

검사 욘 라베란 누구인가?

증인 독일인으로 지멘스사 난징지사장이며, 국제위원회 위원장이다.

검사 일본군이 난징에 입성한 후 일본군은 여성을 어떤 식으로 다루었나?

증인 여성에 대한 대우는 더 무자비했고, 문명사회에서는 상상할 수 없을 정도였다. 일본군의 여성 선호 정도는 믿을 수 없을 정도였다. 일본군은 안전지대 내의 난민수용소에 마음대로 출입했고, 강간을 목적으로 여성을 물색했다. 어떤 난민수용소에서는 트럭 세 대에 나누어 탄 일본군들이 그곳에 머물던 열셋에서 마흔 살까지의 여성을 모두 데려가려고 했고, 이를 저지하려 했지만 어쩔 수 없었다. 목욕탕에서 일본군이 여성을 강간하는 현장을 맞닥뜨린 적도 있다. 당시 일본대사관의 부영사(실제는 외교관보-옮긴이)로 현재 내각 서기관인 후쿠다 도쿠야스福田篤泰와 함께 일본군이 강간한 현장에 갔을 때 일본군이 앉아 있는 방구석에서 중국 여성이 울고 있었다. 내가 후쿠다에게 그 일본군이 폭행을 했다고 말하자, 후쿠다는 일본군을 추궁하기 시작했다. 후쿠다는 일본군을 몰아냈지만 나는 "그것으로는 불충분하고 일본군이 오지 못하게 벽보를 붙여 두어야 한다"라고 말했다. 후쿠다는 그렇게 했지만 결과적으로 아무 도움도 되지 못했다. 그 후 난징에서 괴뢰정권이 발족된 후에 강간한 일본군을 구속해서 당국에 넘겨주었지만 들려온 이야기는 그 군인이 사령부로 보내졌다는 것뿐이었다.

검사 피해를 입은 여성이 그 후에 살해된 적이 있는가?

증인 난먼 안쪽의 신카이루에 거주하는 가족 중 열한 명이 살해된 현장에 갔다. 그중 세 명은 강간된 다음에 살해됐는데, 열네 살과 열일곱 살의 소녀가 포함돼 있었다. 그녀의 할머니가 강간 후에 이물질이 국부에 삽입된 시신을 보여주었다. 한 사람은 탁상에서 강간당했고, 흘린 피가 채 마르지 않은 상태였다. 다른 시신도 옷이 벗겨진 상태로 집에서 멀지 않은 장소에 있어서 사진을 찍어 두었다. 한 가족이 강을 건너는 도중에 일본군 두 명이 검사한다는 명목으로 배에 탔고, 젊은 여성 두 명을 발견하자 부모와 남편의 눈앞에서 강간했다. 그 후 할아버지에게 손녀인 소녀를 강간하도록 강요했다. 굴욕을 견딜 수 없었던 여성과 그 가족은 모두 강에 몸을 던졌다.

검사 홍만회는 난징에서 민간인 희생자를 매장했는가?

증인 홍만회는 매장 비용을 조달할 수 없는 사람을 위해 매장을 해 주었다. 이를 안 일본군 당국은 홍만회에 매장 허가와 통행증, 자재를 주고 시신 매장에 종사하게 했다. 200명 남짓 고용된 사람을 시켜서 공식적으로 약 4만 3000명을 매장했지만, 이것은 실제 수를 밑도는 것이었다. 실제 수를 공표하는 것은 허락되지 않았고 비공식 기록으로 남겼다. 모두 민간인으로 병사의 시신은 한 구도 없었다.

검사 그 밖에도 민간인의 시신 매장에 종사한 조직은 없었나?

증인 있었다. 주로 자선단체로 홍만회는 그중 하나에 지나지 않는다.

검사 홍만회가 매장한 시신은 어떤 장소에 있었나?

증인 직접 발견한 경우도 있지만, 주인이 보고하거나 일본 측이 요청한 경우도 있었다. 일본 측이 요청한 것은 시신 처리를 방치할 경우 전염병이 발생할 우려가 있기 때문이다. 발견된 시신의 대부분은 손이 줄과 철사로 묶여 있어서 매장하기 전에 시신에 경의를 표하며 그것을 풀려고 했지만, 철사인 경우는 거의 풀 수 없었다. 많은 경우는 부패가 진행되고 있어서 개별로 매장할 수 없었고 모아서 매장했다. 그중에는 데어서 문드러진 시신도 있었다.

검사 일본군의 난징 입성 후 난징 시민의 재산에 대한 일본군의 태도는?

증인 개인의 재산권에 대한 고려는 조금도 없었고, 닥치는 대로 집에 침입해서 제멋대로 약탈했으며, 집은 소각·파손·파괴했다. 내 집에도 침입했고, 피아노와 차량, 귀중품 등을 가지고 갔다. 러시아 공사관, YMCA 건물 등도 방화로 소실됐다. 모든 일은 일본군의 난징 점령 후에 일어난 사건이다.

검사 일본군은 난징 시민에게 무엇을 요구했는가?

증인 특히 일본군 위병을 거리에서 만나면 시민은 절을 하여 경의를 표하도록 강요받았다. 1940년에 그런 사실을 모르는 조카가 나를 만나러 왔다가 기차에서 내리자마자 위병에게 모자를 벗고 인사하지 않았다는 이유로 구타당했고, 그대로 가려고 하자 또 걸어차였다.

검사 이와 같은 일본 병사의 소행은 어느 정도 계속됐는지, 난징에 가까운 도시에서도 마찬가지였는가?

증인 전쟁이 끝날 때까지 지속됐고, 난징 이외의 도시에서도 볼 수 있었다.

증인 존 매기 전도사(1926~1940년에 난징 주재 미국인)의 증언

검사 경력은?

증인 1884년 10월 10일 미국 펜실베이니아주 피츠버그에서 태어났다. 예일대학과 캠브리지대학에서 공부했다. 1912년부터 1940년까지 전도사로 중국에 체류했다. 1937년 12월에서 이듬해 2월까지 난징에 주재했다.

검사 1937년 12월 13일 이후 난징에서 중국군의 저항은?

증인 내가 아는 한 저항은 없었다.

검사 난징 점령 후 일본군의 민간인을 향한 행동은?

증인 믿을 수 없을 정도로 소름 끼쳤다. 무리를 지어 다니며 살해했고 조직적인 학살을 했다. 사용한 무기는 총, 기관총, 총검이었다. 어떤 여성은 자신의 남편이 손이 묶인 채로 연못에 던져져 익사하는 것을 보아야만 했다. 12월 14일 내가 고용한 요리사의 열다섯 살 아들은 100여 명이 되는 집단에 섞여 성벽 밖의 철도 옆에서 연행됐다. 집단은 두 무리로 나뉘었고, 손이 묶인 상태로 살해되는 것을 보고 집단의 후방에 있던 그 소년은 손목을 묶은 줄을 물어뜯은 후 선로 옆 도랑에 몸을 숨겼다 도망쳐 돌아와서 그 사건을 전했다. 같은 날 그리고 다음 날에도 민간인 복장을 한 2000명 정도의 사람이 손이 묶인 채 연행돼 가는 것을 우연히 보았다. 그중에서 총에 맞거나 총검에 찔린 채 죽은 것처럼 위장하여 도망친 몇 명을 교회병원에 수용했고, 그들을 통해 집단으로 연행돼 간 사람들에게 어떤 일이 일어났는가를 알 수 있었다. 12월 16일 중국인 목사의 열다섯 살 아들을 포함한 열네 명은 목사의 교구에서 연행됐다. 나흘 후 그중 한 명의 노동자가 돌아와서 전한 사실에 의하면, 1000명 남짓의 집단은 양쯔강 기슭으로 끌려 가, 거기서 기총의 십자로 소사를 당했다. 그 노동자는 순식간에 몸을 날려 강에 뛰어들었고, 어두워질 때까지 숨어서 살아났다. 같은 날 내 운전사의 형제 두 명이 끌려갔다. 500명 남짓이 연행된 장소에서 운전사 부인과 내가 그 두 사람을 발견했다. 책임자로 보이는 일본군 하사관과 담판했지만, 하사관이 화를 내 말이 통하지 않았다. 이튿날 집 앞에서 다른 세 명의 외국인과 같이 목격한 바에 따르면, 두 일본군이 중국인 남성을 검문하자 겁먹은 중국인은 도망쳤고 그를 뒤쫓던 일본군은 직사거리에서 안면에 총을 쏘아 사살했다. 이 사이에 일본군은 담배를 피우면서 웃고 있었다. 12월 18일 외국인 소유물을 보호하기 위한 고지를 게시하려고 일본대사관의 다나카와 차로 샤관을 향해 갔다. 도중에 무수한 시신이 거리에 흩어져 있어서 뒤집거나 시신을 타고 넘지 않으면 목적지에 도착할 수 없었다. 강기슭에 나가 보니 태워진 자국이 명백한 300~500명 정도의 시신이 있었다. 12월 21일 일본대사관의 경찰관과 함께 샤관 방면으로 다시 갔다. 경찰관은 그 방면으로 너무 멀리 가면 일본군에게 죽임을 당할 것이라고 경고했다. 시신을 많이 보았지만, 병사의 시신은 한 구도 보이지 않았다. 12월 22일 상하이로에서 예순~일흔 명의 남자가 모인 상태에서 여성과 노인이 남자들을 위해서 무릎을 꿇고 살려 달라고 빌고 있는 모습을 동영상에 담았다.

검사 난징 점령 후 일본군의 부녀자에 대한 품행은?

증인 마찬가지로 믿을 수 없을 정도로 소름 끼쳤다. 강간은 며칠에 걸쳐서 계속됐다. 저항하면 위해를 가했고 죽이는 일도 있었다.

그렇게 해서 부상을 당한 여성 몇 명인가를 동영상으로 기록했다. 강간될 위기에 처한 여성의 남편이 말리려고 하면 그도 살해했다. 12월 20일 열한 살 소녀가 강간당했다고 하는 집에 가서 그 소녀를 병원으로 옮기려는데, 세 명의 일본군이 다시 침입하려고 하는 것을 막을 수 있었다. 같은 날 다른 두 집에서 강간 목적으로 가택에 침입한 일본군을 쫓아냈다. 그 밖에 여성 폭행사건은 수를 헤아릴 수 없었다. 외국인들은 남성이 연행되는 것은 막을 수 없었지만, 여성이 강간당하는 것은 막을 수 있었다. 엉덩이에 총탄을 맞은 불교 사원의 비구니가 병원에 수용됐는데, 그의 증언에 의하면 사원에서 가까운 지역에서 스물다섯 명이 살해됐고 열 살 정도의 수행 비구니도 찔렸다. 한 소녀도 병원에 수용됐지만, 상처는 좀처럼 낫지 않았다. 그 소녀를 병원에 수용한 후 얘기를 들은바, 난징에서 60킬로미터 정도 떨어진 마을에서 부모를 포함한 가족 전원이 일본군에게 살해당했고, 일본군은 소녀를 데려가서 어딘가에 감금했다. 처음 한 달간은 계속 강간당했고, 그 후에 병에 걸려서 방치됐다. 일본군 사관은 소녀를 발견해 이야기를 듣고 불쌍히 여겨 난징까지 차로 데려와 금릉대학에 수용했다. 소녀를 만난 것은 그곳이었다. 1월 말인가 2월 초순에 난징에서 15킬로미터 정도 떨어진 장소에 있는 독일인과 덴마크인이 경영하는 시멘트공장에 갔다. 그곳에는 만 명 남짓의 난민이 수용돼 있었는데, 그곳을 벗어나면 일본군이 찾아와서 여자를 내놓으라고 요구하고, 거절하면 죽이기 때문에 모두 떠나고 싶어 하지 않는다는 얘기를 들었다.

난징대학살

1937년 7월 중일전쟁을 일으킨 일본은 본격적으로 중국 침략에 나섰다. 그해 11월 상하이 점령에 성공한 일본은 여세를 몰아 그해 12월 10일 당시 중국 수도인 난징을 공격했다.

그러자 장제스가 이끄는 국민정부는 난징을 포기하고 충칭으로 옮겨갔다. 그러나 중국군 사령관 탕성즈唐生智는 투항을 거부하고 결사항쟁을 선언했다. 이에 일본군은 공격을 개시했는데, 선언과는 달리 중국군은 제대로 된 저항 한 번 없이 패퇴했고, 탕성즈 역시 양쯔강을 건너 도망치고 말았다.

중국군이 괴멸된 12월 13일 난징 시내로 진입한 일본군은 역사에 '난징대학살'(중국에서는 '난징대도살'이라고 부르는 반면 일본에서는 '남경사건南京事件', 서양에서는 'Nanking Massacre'라고 부른다)이라고 기록되는 잔학한 사건을 벌인다.

1937년 12월 13일부터 이듬해 2월경까지 지속된 대량학살과 강간, 방화 등으로 적어도 20만 명에서 30만 명에 이르는 사람이 학살당했으며, 수많은 여성이 강간을 당한 후 살해됐다. 한편 살해된 사람 수도 역사에 기록될 정도지만 살해와 만행의 방식도 나치의 홀로코스트(유대인 대량학살)를 능가할 만큼 잔혹했다.

난징대학살의 생생한 증언은 본문 안에 나오는데, 특히 증인으로 나온 로버트 윌슨은 그 무렵 난징대학병원에서 근무하던 외과의사로 난징대학살 기간 동안 난징 내에서 활동한 유일한 외과의사로, 수많은 사람을 치료

| 난징대학살 당시 처참한 모습

하고 살해된 시신을 직접 목격한 인물이었다.

일본군의 형언할 수 없는 만행은 일본인들에게도 충격적이었는데, 다음은 그 무렵 일본 외무대신 히로타 고키가 주미 일본대사관에 보낸 비밀 전문 내용이다.

특보: 믿을 만한 목격자들의 직접 추산과 믿을 수 있는 일부 인사들이 보내온 편지에 따르면 일본군이 저지른 모든 행위와 폭력은 아틸라Attila 왕*과 훈노족을 연상시킨다. 최소 30만 명의 민

아틸라왕
406~453. 그 무렵 유럽인들에게 공포의 대상이었던 훈족 지도자. '아틸라'라는 명칭은 '끔찍한 자'를 뜻한다.

간인이 살육됐고, 많은 수는 극도로 잔혹하고 피비린내 나는 방식으로 살해됐다. 전투가 끝난 지 여러 주가 지난 지역에서도 약탈과 아동 강간 등 민간에 대한 잔혹행위가 계속되고 있다.

그러나 도쿄 전범재판에서는 이 사건과 관련하여 난징대학살 당시 총책임자였던 마쓰이 이와네를 사형에 처했을 뿐 실질적으로 책임이 있던 아사카노미야 야스히코 왕은 일본 왕족에게는 책임을 묻지 않기로 한 미국의 정책에 따라 처벌받지 않았다. 난징대학살 당시 마쓰이 이와네는 병에 걸려 직접 참전하지 못했고, 그를 대리하여 아사카노미야 야스히코가 지휘했음에도.

검사 난징 점령 후 일본군의 건조물과 사유 재산에 대한 태도는?

증인 일본군은 흥미 있는 것은 닥치는 대로 빼앗았다. 외국인의 소유물이라는 것을 나타내는 일본대사관과 미국대사관의 고시도 완벽하게 무시했다.

검사 민간인에 대한 일본군의 그런 태도는 난징 함락 후 얼마나 계속됐는가?

증인 6주간 정도 계속된 후에 멈췄다.

검사 난징 안전지대에 대해서는?

증인 나는 안전지대위원회의 위원으로 국제적십자위원회*의 회장이기도 했다. 안전지대위원회의 회장은 독일인 욘 라베, 서기는 미국인 루이스 스미스Lewis Smyth였다. 안전지대위원회는 거의 매일 일본대사관에 민간인에 대한 일본군의 위법행위를 보고했다.

> **국제적십자위원회**
> 〈제네바조약〉에 의거한 적십자사와는 관계가 없는 조직이지만, 실제로는 해외에서 지원되는 기부금, 의약품 등을 독점적으로 관리했다.

일본 측
피고인들의 변명

외교관 측 도고 시게노리의 변명

내가 스즈키 간타로 내각에 들어간 목적은 종전이라는 한 가지 일을 달성하기 위해서였다고 할 수 있다. 이 시기의 문제에 들어가기 전에 전쟁 종결에 대한 내 이전의 노력에 관해 배경으로 약간 설명하고자 한다.

전쟁을 하루 빨리 종결하려는 내 노력은 전쟁 반대를 개전 후에도 주장하는 것으로 이어졌다. 그런 의미에서 이는 1941년 12월 8일에 시작되었다. 개전 당시의 내 생각은 이미 충분히 설명한 대로, 미국과 영국의 전투력과 생산력을 추월할 수 있다는 일본의 생각을 거의 믿지 않았다. 일본 입장에서는 전쟁을 참화로서 끝내지 않기 위해 가능한 한 빨리 전쟁을 끝내는 것이 필요하며, 장기전이 된다면 진정한 승리자가 없고 피아 모두 곤궁하고 고달파져 전 세계가 빈궁과 환멸에 빠질 것이라고 생각했다.

1942년 9월부터 1945년 4월까지 나는 외무대신직에서 물러나 있었으나, 전쟁 종결이 필요하다는 의견을 여러 방면에서 주장했다. 이를테면 1944년 11월 우메즈 요시지로 해군 참모총장을 만날 기회가 있었는데, 그때 나는 독일·소련과 화평하기보다도 소련을 통해 일본의 전쟁을 끝낼 필요가 있다고 설명했다.

1945년 4월 8일 나는 가루이자와에서 대명을 받은 스즈키 해군 대장에게서 만나자는 요청을 받았다. 그날 밤 상경해 만난 스즈키 대장은 나에게 외무대신에 취임해 줄 것을 요청했다.

외무대신으로 취임한 내 관심사는 예전부터 희망해 온 평화 회복의 실현이었다. 취임 후에 나는 예전에 주핀란드 공사 사카야 다다시 昌谷忠를 만나, 내 전임자인 시게미쓰 마모루 씨와 주일 스웨덴 공사 밧게Widar Bagge 씨 사이에, 스웨덴 정부의 발의로 미국과 평화 조건을 탐색하여 이를 우리 쪽에 전달해 준다는 취지의 협상이 있었다고 들었다. 나는 전부터 전쟁의 조기 종결을 바라고 있었으므로 밧게 공사와 스웨덴 정부의 배려에 감사하고 그 취지를 스웨덴에 알려 달라고 요시야 씨에게 요청했다. 그러나 그 후 이는 특별히 전개되지 않고 그 사이에 소련과 평화를 위해 중재를 요청하는 노력이 시작됐다.

7월 26일 트루먼 대통령, 처칠 수상, 그리고 장제스 주석의 이름으로 〈포츠담선언〉이 발표됐다. 이튿날의 최고전쟁지도자회의 구성원 회의에서 나는 〈포츠담선언〉은 조건을 붙일 수 있는 강화이며, 이를 거부할 때에는 극히 중대한 결과가 초래된다고 지적했다. 이 회의에서 우리 쪽 중개 요청에 대한 소련의 태도를 어느 정도 살필 수 있다는 의견의 일치가 있었다. 같은 날 오후의 각의에서 나는 똑같은 설명을 반복했고 결국 각의에서도 이 선언에 대해서는 아무런 의사 표시도 하지 않기로 하고, 또한 신문 발표에 대해서는 과장되게 취급하지 않도록 조치하기로 결정했다. 그러나 불행하게도 신문은 총리의 성명으로 정부가 〈포츠담선언〉을 묵살하기로 결정했다고 보도했는데, 이는 미국과 다른 국가들이 보기에 선언을 거부한 것으로 간주돼 트루먼 대통령은 원자폭탄을 사용할 수밖에 없다는 것으로 해석하고, 소련 정부는 대일 참전을 결심하게 됐다.

이로써 사태는 극히 중대해져서 9일 오전 11시 최고전쟁지도자회의의 구성원 회합이 열렸다. 이 회의에서는 원자폭탄과 소련 참전으로 모두 전쟁 수행의 어려움을 인정하고 〈포츠담선언〉의 수락에 원칙적으로 반대하는 사람은 없었다. 그러나 수락 조건에 대해서는 의견이 달랐다. 국체 수호를 조건으로 한다는 데는 전원의 의견이 일치됐으나, 양 통수부와 육군 대신이 ① 본토 점령을 가능한 한 삼가고 어쩔 수 없는 경우에는 도쿄 등을 제외한 소규모로 할 것, ② 무장해제는 일본 측이 자체적으로 진행할 것, ③ 전범의 처벌은 일본 측이 스스로 행할 것이라는 세 가지 고집을 부려 의사가 마무리되지 못했다. 오후 회의에서도 많은 각료는 〈포츠담선언〉 수락 조건은 국체 수호에 국한한다는 내 주장에 대체로 찬성했으나 여전히 의사가 마무리되지는 못했다.

따라서 결정은 최고전쟁지도자회의와 추밀원 의장이 참석한 어전회의로 넘겨졌다. 이 어전회의에서 나는 앞서 언급한 취지를 되풀이해서 국체 수호를 유리한 조건으로 해서 〈포츠담선언〉을 수락해야 한다고 주장했다. 그러나 다른 조건을 고집하는 의견도 있어 결론에 이르지 못한 채 천황 폐하가 성단을 내려 주시길 바란 결과, 폐하는 내 견해를 채용해 인류의 고난을 경감하고 국가의 파멸을 구하기 위해 〈포츠담선언〉을 수락해야 할 취지를 명령하셨다. 이와 같이 결정이 났기 때문에 우리 쪽의 회답은 각의에서 오전 3시에 승인됐다. 나는 주스위스 공사를 거쳐 스위스 정부를 통해 미국과 중국 양국 정부에, 스웨덴 정부를 통해 영국과 소련 양국 정부에 이를 통고했다.

네 나라 정부의 우리 쪽에 대한 회답이 전해지고 나서 다시 문제가 생겼다. 본 건의 회답은 외무성 라디오실의 보고로 알았지만, 자구字句에 약간의 의문점이 있었기 때문에 나는 회답문의 검토를 외무성 관계관에게 명했다. 그랬더니 본 건의 회답이 〈포츠담선언〉은 국체 변경의 요구를 포함하지 않는다는 우리 쪽의 해석과 대체로 모순되지 않고, 이후 화평 노력을 좌절시킬 결심이 아니라고 한다면 더는 조건을 제시할 것 없이 〈포츠담선언〉을 수락해야 한다는 게 결론이라고 보고를 해 왔다. 본 건의 회답은 각의와 최고전쟁지도자회의에서 검토됐다.

나는 이들 회의석상에서 내 견해를 밝히고 이 요청을 거부하지 말고 〈포츠담선언〉을 수락해야 한다고 강력하게 주장했으나, 육군대신 및 일부 관료는 이번 회답은 만족스럽지 않아서 수락하기 어려우므로 다시금 교섭을 시도해야 한다며 강력하게 반대했다. 이후 14일 오전에 다시금 어전회의가 열렸지만 의견이 일치하지 않았고, 폐하는 거듭 〈포츠담선언〉을 수락해서 일본의 국체와 존재를 유지하여 인류의 고난을 풀어 주어야 한다는 뜻의 어명을 내리셨다.

오후 1시에 각의가 열렸고 이어서 〈포츠담선언〉을 수락하는 소칙이 발표됐다. 이 수락은 15일 아침에 스위스 정부를 통해서 연합국에 전달됐다.

종전에 관한 중대 결정이 여기에서 행해졌기 때문에 스즈키 간타로 총리는 15일 각의를 소집하고 성단을 내려 주시기를 여쭌 것은 황공하오나 이제 새로운 인물이 정국을 담당해 주는 것이 적절하다고 사료되므로 총 사직을 요청했다. 전원은 이에 찬성하고 사표를 제출했다. 이튿날 히가시쿠니 노미야東久邇宮에게서 새 내각의 외무 대신으로 유임하라는 전언이 있었으나, 스즈키 대장의 사직 이유는 나에게도 적용이 된다는 이유를 들어 사퇴를 말씀드렸다.

해군 측 시마다 시게타로의 변명

검찰은 내가 도조 내각에 입각한 것이 도조 내각 정책의 적극적인 지지자였기 때문이고, 그로써 1941년 10월 이전에 내가 공동모의에 참가했다는 것이 명백하다고 말하지만 이것은 전혀 사실이 아니다.

먼저 나는 도조 히데키와 1940년 상하이에서 단 한 번, 그것도 매우 짧게 만난 것 외에는 면식이 없었다. 육해군 간에는 견해에 차이가 있었기 때문이다.

1941년 10월 18일 아침 나는 도조 육군 중장을 방문해, 정식으로 해군 대신 취임을 수락하기 전에 필요한 전제조건으로 일본과 미국 사이에 지금 존재하는 분쟁을 평화적으로 해결하기 위한 확고한 결의로 대미 외교 교섭에 전력을 다하고 이를 촉진해야만 한다고 주장했다.

이에 대해 도조 히데키는 기존의 결정을 백지로 돌리고, 전쟁 회피를 목적으로 성심성의껏 외교 교섭 타결에 노력할 것을 정부의 정책으로 삼는 데 동의한다고 확인을 해 주었다. 나는 도조의 태도에 깊은 감명을 느끼고 크게 안심했다.

그리고 이 중요한 문제에 관해 육해군이 완전히 일치하고 고노에 내각의 와해를 초래한 불일치의 근원을 해소한 이상 성공은 기대할 만한 것이라고 여겼다.

따라서 도조 중장이 자기의 새로운 지위에 따른 책임을 충분히 헤아리며, 이전에 자신의 입장이 어떠했다 하더라도 이를 무시하고, 총검이 아닌 외교 수단으로 현안을 해결하기 위해 최선을 다할 것을 결의한 끝에 수상 취임을 수락한 것이라고 그 당시 나는 진심으로 믿었고 지금도 확신하고 있다.

나는 국민을 비참한 투쟁 속에 밀어 떨어뜨리는 것과 같은 전쟁 내각에 입각하는 것이라고는 생각지도 못했고, 오히려 그 군부의 통제력과 방침에 의해서, 이 중대한 국제분쟁의 평화적 해결을 위해 온갖 수단을 다할 내각의 일원이 된다고 믿었다.

연락회의는 1941년 10월 23일부터 시작돼 출석자 누구나 외교 교섭으로 사태 수습이 된다고 확신했고 실로 마음속으로 평화를 염원했으나, 문제는 그 평화를 누가 확보하느냐에 있었다. 나는 해군 대신으로서 새 지위에 임해서 그 해결을 꾀하는 것 이외에는 길이 없었다.

연락회의와 1941년 11월 5일의 어전회의 사이에서 내 생각은 크게 다음 두 가지 문제에 집중이 됐다. 첫째 어떻게 하면 해외 부대를 철수하기 위해 곤란한 문제를 완화할 수 있는가? 그리고 이 사실과 대본영 육군부의 견해를 조화할 수 있는가? 둘째 미국과 화해에 도달하기 위해 일본이 할 수 있는 양보의 최대 한도는 어떠한 것이어

야만 하는가?

최대의 난제는 중국과 프랑스령 인도차이나에서의 철병 문제였다. 나는 이 문제를 깊이 연구했다. 해군의 견해를 확인하고 다른 각료의 의견을 상세히 알았으며 또 당시 여론의 동향을 충분히 가려냈다. 해군은 전에 삼국동맹*을 반대했고 또한 여기에 중점을 두는 것을 피했기 때문에, 다른 문제에 관해서 화해에 도달한다면 삼국동맹은 해결할 수 없는 문제라고는 생각지 않았다. 나는 현재를 어떻게 할 것이냐의 관점에서 문제를 고찰했다. 그 결과 최선의 해결책은 미국, 영국과 상호 호혜의 원칙으로 타협을 꾀하는 데 있었다.

1941년 11월 5일 어전회의에서 외교 수단으로 평화 해결에 최선의 노력을 착실히 계속하는 가운데 전쟁 준비 착수할 것이 결정됐다. 당시 일본의 곤란한 입장을 생각하면 이는 모순되지 않는다. 연합국이 행한 대일 경제 포위의 효과는 실로 상상 이상으로 심각했다. 우리는 미국의 군비 증강이 대 독일 전쟁만을 고려해서 군사적 조치가 취해지는 것이라고 상상할 수 없었다. 미국 태평양 함대는 훨씬 이전부터 그 서해안 기지에서 하와이로 이동해서, 일본을 위협했으며 연합국은 분명히 일본을 대상으로 한 군사회담을 실시하고 있었다. 궁지에 빠져서 어쩔 수 없다는 것이 당시 일본의 절박감이었다.

삼국동맹

독일의 폴란드 침공으로 발발한 제2차 세계대전 초기 일본의 해군 대장 요나미가 이끄는 내각은 독일·이탈리아와의 군사동맹에 소극적으로 임하며 대전 불개입 원칙을 고수했다. 그러나 1940년 7월 출범한 제2차 고노에 내각은 같은 해 9월 독일·이탈리아와 삼국동맹을 맺고 추축국으로서 활동하기 시작했다.

일본에는 단지 두 가지의 해결 방법이 남아 있었다. 하나는 일본과 미국의 주고받기정책에 의한 문제 해결을 목적으로 외교 수단을 통해 국면을 타개하는 것이며, 또 하나는 자력으로 연합국의 포위 태세에 의한 급박한 현실의 곤경을 타개하는 것이었다. 이 두 번째 수단으로 나선다는 것은 전적으로 방어적인 것으로서, 최후의 수단으로 채용할 만한 것이라고 생각했다.

정부는 양보를 최대한도로 신중하게 고려하고 연구하여 일본, 미국의 교섭 타결을 위한 대비책을 만들고 있었다. 다른 한편으로 통수부는 정부의 평화적 교섭이 실패로 돌아갔을 경우에는 그 요구에 따라서 통수부의 직책을 수행하지 않으면 안 된다는 문제에 직면하고 있었다.

진주만 공격 계획에 관해서 검찰 측은 내가 야마모토 이소로쿠山本五十六*가 공격 계획을 1941년에 준비하고 그 계획이 5월 내지 6월에 채택된 것을 알았음을 인정했다고 했으나, 이는 잘못된 의견이다. 내가 처음으로 진주만 공격 계획과 그 훈련 및 연구에 관한 것을 인지한 것은 해군 대신 취임 후였다.

용병 관계의 문제는 군령부와 연합함대에 맡겨져 있었으므로 각 함대가 언제 어디에 있느냐 하는 데에 관심을 갖지는 않았다. 근본 문제는 적대 행위 개시 전에 외교 교섭으로 평화에 도달하느냐 어떠냐 하는 데 있었다.

정부의 안건을 평화적으로 타결하려는

야마모토 이소로쿠
1939년 연합함대 사령관에 임명된 후 1941년 12월 진주만 공격을 개시, 태평양전쟁 초기에 승리를 가져온 주역이다.

결의는 구루스 사부로来栖三郎 대
사를 미국에 파견한 것으로 한층
더 명확해졌다. 그의 도미에는 아
무런 기만이나 술책도 없었다.

'헐 노트Hull note[*]는 청천벽력이었
다. 나는 미국에 대해 일본의 양보
가 어떻든지 이를 전쟁 회피를 위
한 진지한 노력으로 풀이하고 미국
도 이에 대해 접근함으로써 전 국
면이 수습되기를 바랐다. 그러나 이
에 대한 미국의 회답은 완강하고 유
연성 없이 냉혹했다. 정부나 통수부
의 수뇌부 중 그 누구도 헐 노트의 요
구를 수락하자고 주장하지 않았다.
그 수락은 불가능하며 본 통고는 우
리 일본의 존립을 위협하는 일종의
최후 통첩이라고 풀이됐다.

▌ 코델 헐

헐 노트

정식 명칭은 〈미국과 일본의 협
정의 개요(Outline of Proposed
Basis for Agreement Between the
United States and Japan)〉. 미국이
태평양전쟁 발발 이전 일본에
전한 문서로, 당시 미국 국무장
관 코델 헐Cordell Hull의 이름을
따서 통칭 '헐 노트'로 불린다.
인도차이나반도에서 일본군의
전면 철수, 중국 대륙에서 모든
이권 철회 및 삼국동맹 파기 등
이 주요 내용이었다.

11월 말에 정부는 평화를 향한 바람
을 거의 잃고 전쟁을 피하기 어렵다고 느꼈다. 전쟁과 평화의 분기
점은 미국의 태도에 달려 있었다. 헐 노트로 판단해 본다면, 나도
사태의 호전을 기대할 수 없다고 생각했다. 해군은 미국과 하는 전
쟁에서 승리할 수 있다는 자신감이 전혀 없었지만, 시일을 질질 끌

기보다는 오히려 지금 손을 쓰는 편이 유리하다고 확신했다. 나가노 오사미 대장은 군령부 총장으로서 이런 의견을 자주 표명했다. 따라서 나가노 대장과 나는 11월 30일에 해군이 상당히 준비가 돼 있다고 천황 폐하께 아뢰었다.

육군 측 도조 히데키의 변명

일본이 기획한 대동아정책은 시대에 따라 여러 가지 명칭으로 불려 왔다. 동아신질서, 대동아신질서, 대동아 건설 또는 대동아공영권 건설 등이 그것이다. 중일전쟁 이후 역대 내각은 그 실현을 구체적으로 꾀해 왔다. 대동아정책의 궁극적인 목적은 동아시아의 안정을 확립하는 것이었다.

일본의 대동아정책은 기본적으로 제1차 세계대전 후 세계경제가 블록화됨에 따라 이웃나라 간 경제의 제휴가 필요해 생겨났다. 그 후 동아시아의 적화와 중국의 배일정책으로 중일전쟁이 발발했다. 일본은 방공정책과 경제 제휴를 통해 중일 간의 우호관계를 조성하고 이로써 동아시아의 안정을 회복하려는 계획을 세웠다. 일본은 중일전쟁의 해결을 동아시아정책의 골자로 삼았다. 그러나 일본의 갖은 노력에도 미국, 영국, 소련은 직간접적으로 장제스 정부를 지원하여 사태는 점점 악화됐고, 중일 양국 관계만으로 중일전쟁을 해결할 수 없어져 국제관계의 개선에 기대지 않을 수 없게 됐다. 일본은 이를 위해 노력을 했음에도 미국, 영국은 오히려 대일 압박을 가해 왔다. 이에 일본은 하는 수 없이 프랑스령 인도차이나, 타이, 네덜란드령 동인도와 우호적 경제 제휴를 만들기 위해 노력했고, 동아시아의 안정을 회복할 방법을 찾기에 이르렀다.

이상은 어디까지나 평화적 수단에 근거한 것이고 또 여러 나라의 이해와 협력에 호소한 것이었다.

그러나 일본에 대한 영국, 미국, 네덜란드의 압박이 나날이 심해져 미일 협상으로도 국면을 타개할 수 없어지자, 일본은 어쩔 수 없이 자존, 자위를 위해 무력으로 포위망을 탈출하기에 이르렀다.

무력행사의 동기는 말할 것도 없이 일본의 자존과 자위였다. 전쟁이 개시된 이후 일본은 대동아정책의 실현, 즉 동아시아에 공영의 신질서를 건설하기 위해 노력했다.

대동아정책을 실현하는 방책은 먼저 동아시아를 해방한 뒤 동아시아 각국이 자유와 독립을 누리는 어엿한 국가로 모여 대동아를 건설하는 것이다.

(중략)

대동아건설에 관해 당시 일본 정부는 다음과 같은 근본 견해를 지니고 있었다. 세계 각국이 각자의 영토를 지니며, 서로 의지하고 도와 만방 공영의 기쁨을 함께 누리는 것이 세계 평화 확립의 근본 요지다. 특히 동아시아와 관련이 깊은 여러 나라가 서로 돕고, 각자의 국가적 기초 위에서 공존공영의 유대를 결성하여 다른 지역, 여러 국가와 협력하고 화합하는 관계를 만드는 것이 세계 평화를 위한 가장 유효하고 실제적인 방도다.

▋ 재판정에서 증언하는 도조 히데키

(중략)

위 대동아건설의 이념은 일본의 역대 정부가 과거부터 품어 왔다. 이는 일본과 만주국의 전제인 〈중일기본조약〉의 전제 및 중국, 만주, 일본의 공동선언 체결 당시 중일전쟁 수행의 전제가 돼 왔고, 또 프랑스령 인도차이나, 타이 간의 국교의 전제로 삼아 평화적인 방법으로 달성하기 위해 노력해 왔다.

(중략)

본 진술서는 복잡하고 중대한 문제를 다루는 관계로 상당히 긴 글이 됐다. 그러나 나는 세계 역사에서 가장 중대한 시기에 일본이 어떠한 입장에 있었고, 또 적법하게 선발된 행정 사령관이 국가의 명예를 지키기 위해 그 권한 안에서 어떠한 정책을 수립하고 실시했는지를 이 국제적 규모의 법정에 계신 각 재판관님께 말씀드리기 위해 여러 가지 어려움을 극복해 이를 진술했다.

나는 태평양전쟁이 발발하게 된 원인을 묘사했다. 나는 위의 사실을 철저하게 이해하고 있는 한 사람이다. 일본에 무효하고 비참했던 1941년 12월 8일의 그 전쟁이 일어난 이유는 미국을 세계대전으로 유도하고자 한 연합국 측의 도발에 있으며, 일본은 오로지 자위를 위해 불가피한 전쟁을 했다고 확신한다. 동아시아에서 이해관계가 중대한 나라들이 전쟁을 바란 이유는 이 외에도 허다하다. 개전 결정은 일본이 지닌 최후의 수단이었으며 긴박한 필요에서 나왔음을 나는 의심하지 않는다.

만주사변, 중일전쟁 및 태평양전쟁을 통틀어 그 근저에 끊임없는 침략 계획이 잠재돼 있지 않았느냐는 주장이 황당무계한 주장이라는 사실은 매우 간단한 방법으로도 입증된다. 일본에서 기본적이고 변함없이 유지돼 온 행정 조직에 속한 수많은 관료 중 몇몇이, 오랜 시간 여러 내각에 걸쳐 일정하고 불변하는 목적으로 공동모의를 했다는 것은 이성이 있는 자라면 도저히 생각할 수 없는 일임을 즉각 이해할 수 있을 것이다. 나는 어떤 이유에서 검찰 측이 공상에 가까운 이러한 소추를 했는지 이해하기 어렵다.

일본이 주장한 동아시아정책의 성격이 침략적이라는 사실, 이것이 태평양전쟁의 개시 계획에 덧붙여졌다는 사실, 또 이 정책이 백인을 동아시아의 비옥한 땅에서 몰아내기 위한 계획이라는 사실을 증명하기 위해 검찰 측은 본 법정에 많은 증거를 제출했다. 이에 대해 내 증언이, 합리적이면서 자연스럽게 발생한 일의 실제 의도를 명백하게 밝혀 줄 것이라 믿는다.

최종적으로 아마 이것이 이 법정이 규칙에서 허락하는 마지막 기회이겠지만, 나는 여기서 거듭 말하겠다. 일본제국의 국책 내지 당시에 합법적으로 그 지위에 있었던 관리가 취한 방침은 침략도 아니고 착취도 아니었다. 헌법과 법률에 정해진 절차에 따라 일을 처리해 나갔으나, 끝내 우리 일본은 그 냉엄한 현실에 봉착했던 것이다. 우리는 국가의 운명을 걸었다. 그리고 패배했다.

전쟁이 국제법으로 보아 올바른 전쟁이었는지 아닌지의 문제와 패전의 책임 문제는 명백히 구별되는 두 개의 다른 문제다. 첫 번째 문제는 외국과 관계된 문제이며, 법률적 문제다. 나는 마지막까지

이 전쟁은 자위전쟁이었고, 당시에 승인된 국제법에는 위반되지 않은 전쟁이라고 주장한다. 나는 아직도 우리 일본이 이 전쟁을 한 것을 두고, 국제범죄라고 하여 승자에게서 소추를 당하고, 패전국의 합법적인 관리였던 자가 개인적으로 국제법의 범죄인 또는 조약의 위반자로서 규탄되리라고는 생각조차 한 일이 없다. 두 번째 문제, 즉 패전의 책임에 대해서는 당시 총리대신이었던 내 책임이다. 나는 이런 뜻에서의 책임은 수용할 뿐만 아니라, 충심으로 자진해서 이를 짊어질 것을 희망하는 바다.

1947년 12월 14일 도쿄 이치가야에서 진술자 도조 히데키
같은 날 같은 장소에서 입회인 변호사 기요세 이치로

최종판결

도쿄 전범재판 판사진은 스물다섯 명의 피고인이 모두 출정한 1948년 11월 4일에 최종판결문을 낭독하기 시작했다. 이 최종판결문에는 피고인들의 기소 요건에 대한 재판정의 결론과 재판에서 확인한 사실관계들을 총망라했다.

장장 일주일이 지난 11월 12일 오후에야 이 최종판결문 낭독이 끝났다. 판결문에 따르면 피고인 전원은 각기 형량은 달랐지만 유죄 판정을 받았다. 잠깐의 휴식이 끝난 다음 웨브 재판장은 피고

인 한 사람 한 사람에 대해 개인별 형을 선고하기 시작했다.

다음은 피고인별 형량이다.

	소속	피고인	형량	비고
1	전 총리대신	고이소 구니아키	종신형(종신금고형)	
2	전 총리대신	도조 히데키	사형(교수형)	
3	전 총리대신	히라누마 기이치로	종신형(종신금고형)	
4	전 총리대신	히로타 고키	사형(교수형)	
5	내대신	기도 고이치	종신형(종신금고형)	
6	육군	아라키 사다오	종신형(종신금고형)	
7	육군	이타가키 세이시로	사형(교수형)	
8	육군	우메즈 요시지로	종신형(종신금고형)	
9	육군	오시마 히로시	종신형(종신금고형)	사형
10	육군	기무라 헤이타로	사형(교수형)	(교수형) 7명
11	육군	사토 겐료	종신형(종신금고형)	
12	육군	스즈키 데이이치	종신형(종신금고형)	종신형
13	육군	도이하라 겐지	사형(교수형)	(종신금고형) 16명
14	육군	하시모토 긴고로	종신형(종신금고형)	
15	육군	하타 슌로쿠	종신형(종신금고형)	금고
16	육군	마쓰이 이와네	사형(교수형)	20년형 1명
17	육군	미나미 지로	종신형(종신금고형)	
18	육군	무토 아키라	사형(교수형)	금고
19	해군	오카 다카즈미	종신형(종신금고형)	7년형 1명
20	해군	시마다 시게타로	종신형(종신금고형)	
21	해군	나가노 오사미	병사	
22	외교관	시게미쓰 마모루	7년형(금고7년형)	
23	외교관	시라토리 도시오	종신형(종신금고형)	
24	외교관	도고 시게노리	20년형(금고20년형)	
25	외교관	마쓰오카 요스케	재판 중 병사	
26	경제 관료	가야 오키노리	종신형(종신금고형)	
27	경제 관료	호시노 나오키	종신형(종신금고형)	
28	일반인	오카와 슈메이	면소	

▌사형 선고를 듣고 있는 히로타 고키

판결 결과

도고 시게노리

피고인 도고 시게노리는 소인 1, 27, 29, 31, 32, 36, 54, 55에 해당하여 기소됐다.

도고 시게노리의 주요한 범죄는 도조 내각에서 1941년 10월부터 1942년 9월 사직할 때까지 외무대신으로 재직할 시기에 발생했다. 이후 그는 1945년 스즈키 내각에서 외무대신으로 활동했다. 사직과 복직 사이의 기간에 그는 그 어떠한 공직도 맡지 않았다.

도조 내각에서 외무대신으로 재직하기 시작할 때부터 태평양전쟁이 발발할 때까지 그는 전쟁을 계획하고 준비하는 데 참여했다. 그는 내각회의에 참여하여 모든 결정에 동의를 표했다. 도고는 외무대신으로 재직하면서 전쟁 발발 직전까지 미국과 협상하는 데 주도적인 역할을 맡았다. 그리고 도고가 협상에서 보여 준 이중성은 이미 다루어진 바 있다. 태평양전쟁 발발 이후 도고는 내각의 다른 인사들과 협력하여 중국과 전쟁을 수행하는 데도 동조했다.

다른 피고인들에게도 해당되는 내용처럼 도고도 대일본 포위망과 일본의 경제적 질식 상태를 언급했으나, 도고는 여기에 더해 자신이 도조 내각에 입각한 것은 미국과 협상하는 데서 성공을 거두리라는 보장이 있었기 때문이라고 덧붙였다. 그는 외무대신으로 입각한 순간부터 군부에 반대했으며, 군부의 양보를 얻어 냈기에 미국과 협상을 계속 진행할 수 있었다고 주장했다.

그러나 미국과 협상이 실패한 후에 전쟁이 불가피해지자, 그는 사임하여 이와 같은 결정에 반대하지 않고 전쟁을 지지했다. 무언가 하려고 했다는 도고의 주장은 그저 겁쟁이의 말일 뿐이다. 그가 추후에 보여 준 행보는 그의 말을 무효로 만든다. 1942년 9월 도고는 내각에서 점령지를 어떻게 대우할 것인지를 두고 논쟁이 벌어지자 사임을 하고 말았다. 우리는 그의 행동을 매우 진지하게 평가했으며, 다른 사람들과 같은 방식으로 이를 평가했다.

도고가 소인 36에서 범죄적 행위를 했다는 증거는 존재하지 않는다. 이 소인과 관련된 도고의 유일한 행동은 전쟁 이후 소련과 일본 사이에 체결된 만주와 외몽골 간의 국경조약에 서명을 한 것뿐이다.

전쟁범죄

1942년 사임하기 전에 도고는 〈전쟁법〉을 의식했던 점이 보인다. 그는 자기 앞으로 제출된 몇몇 조사를 반대하기도 했고 때로는 개선책을 마련하기도 했다. 그가 사임할 당시 일본군이 자행한 잔혹 행위는 그렇게 심각하지 않았기에 여기에 도고의 책임을 따지기는 어려워 보인다.

1945년 봄 그가 다시 외무대신으로 재직할 당시 그는 관할 기관에 주의를 전달하기도 했다. 재판정은 도고가 전쟁범죄와 관련해 의무를 다하지 않았다는 데에는 충분한 증거가 없다는 의견을 표명하는 바다.

재판정은 도고가 소인 1, 27, 29, 31, 32에 대해 죄가 있으며, 소인 36, 54, 55에 대해 무죄임을 선고한다.

시마다 시게타로

피고인 시마다 시게타로는 소인 1, 27, 29, 31, 32, 54, 55에 해당하여 기소됐다.

1941년 10월까지 시마다 시게타로는 해군 장교로서 역할을 다했으며, 그때까지 어떤 전쟁 모의에도 참여하지 않았다.

1941년 10월 그는 해군 대신의 자리에 오를 수 있는 고위급 해군 장교였다. 그는 도조 내각에서 해군 대신이 됐으며, 1944년 8월까지 그 직위를 유지했다. 1944년 2월부터 8월까지 그는 해군 참모총장을 역임하기도 했다. 도조 내각의 성립부터 1941년 12월 7일 일본이 서구 국가들을 공격할 때까지 그는 그 공격의 계획과 실행의 모든 결정 과정에 참여했다.

시마다 시게타로의 변론은 다음과 같았다. 먼저 만약 이와 같은 명령을 수행하지 않았다면, 일본은 질식당할 상황이었으며 그에 따라 일본의 전쟁 수행능력이 떨어질 위험에 처해 있었다. 또 당시에 일본을 향한 서구 국가들의 경제적·군사적 '포위'가 존재했고, 미국은 협상에서 전혀 호의를 표하거나 양보할 의사가 없었다. 마지막으로 연합국이 중국에 제공한 원조는 일본의 악감정을 불러일으켰다는 것이다.

이와 같은 변론은 그가 전쟁을 통해 지키고자 한 것들이 사실 일본이 수년간의 침략전쟁을 통해 획득한 것임을 간과하는 것이다. 재판정은 이와 같은 변론을 충분히 청취했고 이와 같은 논리를 거부한 바 있다.

전쟁이 선언된 이후 그는 전쟁을 수행하는 데 주요한 역할을 했다. 재판정은 시마다 시게타로가 소인 1, 27, 29, 31, 32에 대해 유죄임을 선고한다.

전쟁범죄

태평양의 여러 섬에서 일본 해군이 자행한 참혹한 포로 학살, 난파된 전함의 생존자들을 향한 학살이 존재한다. 이와 같은 사건의 직접적인 책임은 물론 해군 제독 이하의 군인들에게 존재한다.

그러나 재판정은 시마다 시게타로가 이와 같은 행위에 직접적인 책임이 있는지 충분한 근거가 없다고 생각한다. 시마다 시게타로가 이와 같은 행위를 명령하고, 승인하고, 전쟁범죄의 수행을 인정했는지, 아니면 그가 이와 같은 범죄행위를 알고 있었는지, 이와 같은 범죄행위가 향후에도 벌어지는 것을 막기 위해 적절한 조치를 취했는지를 자료를 통해 충분히 검증하지 못했다.

그런 의미에서 재판정은 시마다 시게타로가 소인 54, 55에 대해 무죄임을 선고한다.

도조 히데키

피고인 도조 히데키는 소인 1, 27, 29, 31, 32, 33, 36, 54, 55에 해당하여 기소됐다.

도조는 1937년 6월 관동군 총참모장이 됐고 이후 관동군의 모의에 참여했으며, 이들 활동에서 중추적인 역할을 했다.

그는 소련을 향한 공격을 계획하고 준비했으며, 소련의 배후 공격을 받는다는 불안을 잠재우기 위해 일본군이 중국으로 더 진격해 들어가는 것을 추천하기도 했다. 그는 만주국을 조직하고, 이를 공격의 기지로 삼았다. 이후 그는 기회만 오면 공격을 할 여지로 삼았다.

1938년 5월 도조 히데키는 본국으로 돌아가 부전쟁대신이 됐다. 그는 대신으로 재직하면서 일본 사람들과 일본 경제를 전쟁에 동원하는 데 매우 중요한 역할을 했다. 이때 그는 중국과 평화협상을 하자는 제안을 거부했다.

1940년 7월 전쟁대신이 됐고, 이후 도조 히데키의 삶은 일본의 이웃국가들을 향한 계속된 침략전쟁을 계획하는 일과 동의어였다. 그는 전쟁 계획을 세우고, 전쟁을 수행하는 데 주요한 역할을 했다. 그는 줄곧 능력에 기초하여 꾸준히 전쟁 모의의 목표를 확장했다.

그는 1941년 10월 총리대신이 됐고, 1944년 7월까지 총리대신으로 재직했다.

도조 히데키는 전쟁대신이자 총리대신으로서 중국국민당을 향한 침략전쟁정책을 줄곧 지지했으며, 중국의 자원을 일본을 위해 착취하고, 중국과 전쟁하는 데 일본을 보호한다는 이유로 중국에 일본 군을 주둔하게 했다.

1941년 12월 7일 공격 이전의 협상에서 도조 히데키의 입장은 중국을 침략하고, 이를 통해 일본의 동아시아 및 남방 지역 지배권을 유지하는 것이었다. 도조의 영향력은 이 정책을 지지하기 위해 사용됐다. 이 정책을 유지하기 위해 미국과 전쟁을 감행하는 데 도조는 매우 큰 역할을 했다. 그는 일본이 이웃국가들을 향해 행한 범죄적 공격에 주요한 책임이 있다.

이 재판에서 도조는 이와 같은 공격이 일본의 자위를 위한 적법한 공격이었음을 주장했다. 우리는 이와 같은 호소를 충분히 다룬 바 있다.

소인 36과 관련해 1939년의 전쟁에서 도조가 공식적인 역할을 했다는 증거는 존재하지 않는다.

재판정은 도조가 소인 1, 27, 29, 31, 32, 33에 대해 유죄이며, 소인 36에 대해 무죄임을 선언한다.

전쟁범죄

전쟁대신으로서 도조 히데키는 전쟁 포로와 전쟁터의 민간인 처우를 다루는 데 책임이 있었다. 또 그는 그들에게 전표와 식량, 약품과 의료를 제공하는 데에도 책임이 있었다. 도조는 내무대신으로서 이와 유사한 의무가 일본 시민에 대해서도 있었다. 무엇보다도 그는 정부의 수장으로서 전쟁 포로와 민간인을 대상으로 지속적인 책임이 있었다.

전쟁 포로와 피억류자가 가혹하게 다루어진다는 사실을 도조는 잘 알고 있었다. 그러나 도조는 국제법을 위반한 자들을 처벌하는 데 어떤 적절한 조치도 취하지 않았고, 향후에 이와 같은 행위가 일어나는 것도 방지하지 않았다. 바탄에서 벌어진 죽음의 행진*을 두고, 도조가 보여 준 태도는 그가 포로에 대해 어떤 생각을 했는지에 대한 증거가 아닐 수 없다. 그는 1942년에 이와 같은 행진이 어떤 조건에서 이루어지는지와 함께 많은 포로가 악조건 속에서 목숨을 잃었다는 사실도 알고 있었다. 그는 이 사건에 대한 진상 보고를 요청하지도 않았다. 1943년 필리핀을 방문했을 당시 도조는 행진에 대해 형식적인 질문을 했을 뿐, 어떠한 행동도 취하지 않았다. 그 누구도 처벌을 받지 않았다. 도조는 이에 대해 필리핀 담당 사령관의 재량에서 벌어진 일이지 도쿄의 명령으로 이루어진 일이 아니라고 변명했다. 그러나 결과적으로 일본 정부의 지도자는 국가가 준수해야 하는 전쟁법의 의무를 지키지 않았다.

국제법을 지키지 않은 사례를 들면, 도조는 전쟁 포로들이 전략적 목적을 달성하기 위해 건설된 미얀마-타이철도 공사에 활용돼야 한다고 조언하기도 했다. 그는 어떠한 전표, 식량, 혹독한 기후 환경에서 건강을 잃은 포로들에게

죽음의 바탄 행진
1942년 4월, 필리핀 바탄 지역 남쪽에 위치한 마리벨레스에서 산페르난도에 이르는 88킬로미터 지역에서 벌어진 미군 및 필리핀군 소속 전쟁 포로의 강제 행진. 이 행진에 동원된 포로는 모두 7만 여 명이었으며, 그 가운데 1만 명에 가까운 포로가 행진 도중에 사망했다.

필요한 적절한 의료를 제공하지 않았다. 도조는 이 사업에서 전쟁 포로들이 겪고 있던 악조건을 잘 알고 있었기에 조사를 위해 장교를 파견했다. 우리가 이미 잘 알고 있듯이 조사 장교는 철도 주변 수용소의 처참한 광경을 목도했을 것이다. 그러나 이 조사 이후 취해진 유일한 조치는 포로를 제대로 대우하지 않은 중대장에 대한 재판 한 차례가 전부였다. 조건을 개선하기 위한 조치는 취해지지 않았다. 영양 부족과 질병으로 전쟁 포로들은 철도 공사 중에 사망했다.

도조가 참가한 회의에서 전쟁 포로들이 영양 부족과 다른 이유 등으로 사망률이 높다고 논의된 바 있다. 도조 내각이 무너진 1944년 전쟁 포로들의 처참한 상황과 많은 전쟁 포로가 식량 부족과 의약품 부족 등으로 사망한 사실은, 도조가 전쟁 포로를 보호하려는 어떠한 적절한 조치도 취하지 않았음을 증명해 준다.

우리는 일본군이 중국인 포로들을 어떤 태도로 대했는지 살펴본 바 있다. 일본 정부가 중국과 치른 전쟁을 전쟁으로 보지는 않기에, 전시법은 중국과 벌인 전투에 적용되지 않았고, 중국인 포로들은 전쟁 포로로서의 지위와 권리를 보장받지 못했다. 도조는 이 사실을 알고 있었고 이와 같은 충격적인 태도를 승인한 바 있다.

도조는 전쟁 포로들이 일하지 않으면 먹을 수도 없다는 지시에 대한 책임이 있다. 이와 같은 도조의 변함없는 신념 때문에 강제 노역에 처해질 수밖에 없었던 병든 포로와 다친 포로들은 고통을 겪거나 목숨을 잃기도 했다.

우리는 도조가 전쟁 포로와 관련된 나쁜 대우가 외부 세계에 알려지는 것을 막기 위해 어떤 행동을 했는지를 알고 있다. 도조는 이와 같은 조치에 책임이 있다.

재판정은 도조가 소인 54에 유죄이며, 소인 55번과 관련된 증거를 찾을 수 없었다고 판결한다.

이와 같이 판결문 낭독이 끝나면서 도쿄 전범재판은 마무리되었다. 그러나 모든 판사가 최종 판결문에 동의한 것은 아니었다. 다음 장에서는 재판부의 소수의견, 그리고 판결 이후의 상황에 대해 살펴보기로 한다.

판결 이후

소수의견

도쿄 전범재판과 관련된 판사들의 소수의견은 변호인 측이 낭독을 요구했지만 재판정에서 낭독되지는 않았다.

소수의견의 주된 논점은 천황의 책임 문제였다. 프랑스 베르나르 판사는 전쟁 개전의 주요 책임자는 히로히토 천황인데, 천황을 처벌하지 않고 다른 공범자들을 대신 처벌하는 것은 불합리하다고 주장했다. 윌리엄 웨브 재판장도 천황의 면책이 다른 피고인들의 양형에 어느 정도 고려될 필요가 있음을 인정했다.

가장 유명한 소수의견은 인도의 라다비노드 팔 판사의 의견일 것이다. 팔 판사는 원폭 투하는 전쟁범죄가 아니냐는 변호인들의 주장에 대해 원폭 투하도 연합국의 전쟁범죄임을 주장하고, 나아가 피고인 전원이 무죄임을 주장했다. 또한 침략전쟁의 범죄성은 국제법으로 확립되지 않았기에 범죄라고 볼 수 없으며, 침략전쟁의 책임을 국가가 아닌 개인의 형사책임으로 취급
할 수 없다고 주장했다. 팔 판사의 논리
는 이후 일본 우익들이 일본의 전쟁 책
임을 논하는 데 활용되기도 했다.

반면 필리핀의 델핀 하라닐라 판
사는 일본에 대한 원폭 사용은 정당했으
며, 도쿄 전범재판의 판결이 너무나 관
대하다고 주장했다.

❚ 라다비노드 팔

남은 이야기

도쿄 전범재판의 판결이 나온 지 얼마 지나지 않은 1948년 11월 14
일 대한민국에서 발행된 《경향신문》은 〈섭섭한 전범 판결: 종신금
고는 가벼운 형〉이라는 기사를 실었다. 신생 국가지만 일본 제국주
의의 침략으로 가장 큰 피해를 본 나라와 민족의 대표자가 빠진 상
태에서 개최되고 마무리된 도쿄 전범재판에 대해 아쉬움과 실망을
느꼈기에 이와 같은 반응은 당연한 것이었다.

1. 1947년 4월 29일 기소 이후 422일에 걸쳐 전 아시아 침략의 원
   흉이며 인류 평화의 공적인 일본제국주의의 거괴 도조 히데키,
   히로타 고키 등 스물네 명에 대해 장기 심의를 거듭하던 도쿄 극

동국제군사재판은 드디어 11월 12일 최후의 판결을 내렸다. 단죄의 결과는 각 피고인 전부 유죄로서 도조 등 일곱 명에 대해서는 교수형, 아라키 사다오, 고이소 구니아키, 미나미 지로 등 열여섯 명에게는 종신금고형, 시게미쓰 마모루에게는 7년 금고형을 내렸다. 이 재판이 역사적 또는 국제적 중요성을 띠고 있다는 것은 훼언을 요치 않는 바나,

우리는 형이 과연 공정했느냐 하는 점에 대해서 36년간의 피압박민족으로서는 또 한 번 검토해 보지 않으면 안 될 중대한 문제가 남아 있다.

2. 도조 히데키 등 일곱 명에 대한 교수형이란 응당 있어야 할 형이니만큼 이제 새삼 언급할 필요도 없지만, 이전 조선 총독이던 고이소 구니아키, 미나미 지로 두 명에 대해서는 판결이 종신금고형에 그쳤다는 것에서 이번의 극동국제군사재판은 큰 과실을 범했다고 지

1948년 11월 14일 《경향신문》 기사

적하지 아니 못할 것이니, 그 재판이 문자 그대로 '극동'이라는 명칭이었다면 그들의 과거 대조선 침략의 간략한 역사를 다시 공부할 필요가 있을 것이다. 법정은 그들 일본의 수뇌급 전범에 대한 죄명을 미국, 소련, 영국, 중국, 프랑스 등에 대해 국제법을 위반하고 침략전쟁을 수행했다는 것으로 들었다. 그리고 이 음모보다 중대한 죄악이 없다고 심리하겠다는데, 그러면 그 침략의 1차 희생국이며 또 최후의 일각까지 그 침략의 독아에서 착취당했던 우리의 입장이 별로 반영이 되지 않았다는 것은 역시나 약소민족이었던 탓이라 할까 천만 유감이 아닐 수 없다. 종신금고형을 받은 열여섯 명의 면면을 바라볼 때 그들 대부분이 대륙 침략의 원흉이었다는 점에서 사형까지 가지 않은 이유를 발견하기 어려워 고뇌하는 바다. 그러므로 열여섯 명을 수감할 교도소를 어디로 결정하겠는지는 아직 모르겠으나 만일 그대로 스가모교도소에 수용한다면 시일이 경과함에 따라 스가모는 교도소가 아니라 별장이 되지 않으리라고 누가 단언할 수 있겠는가.

3. 그러므로 도쿄의 극동재판 판결에 대해 우리는 지대한 관심을 기울여 왔으니 그 이유는 우리에게는 일제 36년의 폭정의 총결산이기도 하다. 그 결산에 너무나 우리의 예기했던 바와 차이가 생기게 되며 판결의 공정 여하가 의심되는 바다.

더욱 도조는 교수형이 언도된 당일 대변을 통하여 일본 민족의 정신은 재기할 것이라고 성명서를 발표했으니, 그것을 단순히 망언이라고만 보기에는 전후 3년간의 일본의 실정에 비추어 경시

할 수는 없는 일면이 있다.

한편, 1948년 11월 30일 《동아일보》 기사에 따르면 장택상 외무장관은 11월 19일 아침 기자와 면담하면서 고이소 구니아키, 미나미 지로 전 조선 총독과 이타가키 세이시로 조선군 사령관 총 세 명을 유엔총회에서 대한민국을 승인한 직후 한국 법정으로 넘겨줄 것을 요구했다.

일본 수뇌급 전범 중 특히 고이소 구니아키, 미나미 지로, 이타가키 세이시로 세 명은 우리 한국인을 다수 학살하고 또 한국인들을 연합국에 대항해 전투하도록 강제동원한 자들인데, 도쿄 법정은 이러한 자의 재판에 한국인을 전혀 참석하지 않게 했다는 것을 지적하지 않을 수 없다. 한국과 직접 관련되는 이와 같은 세 명의 전범을 판결하는 데는 한국 옵서버 판결문 낭독에 초청돼야 할 것인데도 전혀 연관하지 않은 것은 도쿄 법정이 한국에 대해 불공정한 처사

1948년 11월 30일 《동아일보》 기사

를 한 것이다. 따라서 본 관은 앞의 세 명의 공판에 한국이 관여하지 못한 것을 지적하여 연합국에게 유엔의 승인 후 한국 정부 법정에 다시 넘겨줄 것을 정식으로 요구한다.

하지만 조선 총독을 한국의 법정에 세우겠다는 계획은 시행되지 못했다. 〈극동국제군사재판소 헌장〉에 따르면 피고인은 재심 신청을 할 수 있었다. 도쿄 전범재판은 단심제인 군사재판이기 때문에 판결 이후에 피고인들이 요구할 수 있는 것은 재심이 유일한 수단이었다. 그리고 재심에 대해서는 본 재판을 관할하던 연합국 최고사령관 맥아더만이 판단할 수 있는 권한을 가졌다. 판결이 내려진 후 대부분 군인 신분인 피고인들은 명예를 지키기 위해 재심 요청을 하지 않겠다는 태도였으나 최종판결 일주일 후인 11월 19일까지 모든 피고인이 재심 요청을 제출했다. 이에 대해 맥아더 사령관은 11월 24일 다음과 같은 내용의 성명을 발표했다.

나는 극동군사재판소가 내린 판결대로 형을 집행할 것을 명령한다. 나는 이러한 명령을 부여함으로써, 전지전능한 신이 그 비극적인 범죄와 장애를 소멸한 사실로써 인류 최악의 범죄인 전쟁이 전적으로 무용하다는 사실을 모든 선의의 사람들에게 인식하게 하고 나아가 모든 국가가 전쟁을 포기하기에 이르도록 하는 상징으로 사용하기 바란다.

이러한 목적을 달성하기 위해 나는 형 집행 당일 일본 전역의 모든

| 야스쿠니신사

종교단체 회원들이 인류의 멸망이 현실화되지 않도록, 이 세계를
평화 속에 있도록 신이 지켜 주시고 이끌어 주실 것을 기도해 주기
를 요구하는 바다.

그리고 그로부터 한 달 후인 1948년 12월 23일 오전 0시 1분
30초부터 오전 0시 35분에 이르는 동안 교수형을 선고받은 일곱 명
에 대한 집행이 이루어졌다. 이들의 시신은 화장됐으며, 그 가운데
일부는 수습돼 아타미신사에 봉안됐다. 그로부터 7년 후 일본 후생
성 배상지원과는 이들의 유골을 일곱 상자에 나누어 유족들에게 전

달했다.

1958년 이들을 추모하는 순국칠사묘가 건립됐으며, 1978년
에는 도조 히데키를 비롯한 A급 전범 열네 명이 야스쿠니신사靖國
神社에 봉안되기에 이르렀다.

천황이 거주하는 도쿄의 황궁 근처에 위치한 야스쿠니신사는
그 뜻이 '정국靖國', 즉 '나라를 편안하게 한다'는 것으로, 일본 전역
에 산재한 8만여 개의 신사 가운데서도 가장 규모가 크다. 메이지유
신 직후인 1869년 도쿠가와德川 막부군과 내전하면서 죽은 자들의
영혼을 '일본의 수호신'으로 추앙하기 위해 건립됐으며, 황실이 참
배하는 신사였다. 한 마디로 말하자면 이 신사에 봉안되면 천황과
나라를 위해 죽은 신으로 추앙받는 것이다. 따라서 전범들을 이곳
에 합사合祀*하는 것은 그들을 전쟁범죄자
가 아니라 천황과 나라를 위해 목숨을 바친
애국자로 규정하는 것이다.

> 합사
> 둘 이상의 혼령을 모아 제
> 사를 지내는 것.

1985년 당시 총리 나카소네 야스히로
中曾根康弘가 총리로서는 처음으로 공식 참배했고, 2001년에는 고
이즈미 준이치로小泉純一郎 총리가, 2013년에는 아베 총리가 공식
참배했다. 일본 총리의 야스쿠니신사 참배는 일본이 전쟁을 반성하
기보다는 자신들의 행위를 '애국적' 행위로 공식 인정한다는 의미
로서, 한국과 중국을 포함한 주변국의 반발을 사고 있다.

풀려난 전범들

종신형을 선고받은 인물 중 우메즈 요시지로는 1949년 1월 10일, 시라토리 도시오는 1949년 6월 3일, 고이소 구니아키는 1950년 11월 3일 스가모교도소에서 사망했다. 금고형을 받은 도고 시게노리는 1950년 7월 23일 스가모교도소에서 사망했다.

금고 7년형을 선고받은 시게미쓰 마모루는 1950년 11월 21일 가석방됐다. 시게미쓰 마모루는 1954년 다시 외무대신이 돼 2년간 외무대신직을 수행하기도 했다. 종신형을 선고받은 하시모토 긴고로, 하타 슌로쿠, 미나미 지로, 오카 다카즈미는 1954년 가석방됐다. 아라키 사다오, 히라누마 기이치로, 호시노 나오키, 가야 오키노리, 기도 고이치, 오시마 히로시, 시마다 시게타로와 스즈키 데이이치는 1955년 가석방됐다. 1956년 사토 겐료가 가석방되면서 모든 A급 전범이 석방됐다.

또 1차 재판에 기소되지 않은 인물 가운데도 전범 용의자가 다수 있었기 때문에 도쿄 전범재판이 마무리되면 2차로 후속 전범재판이 개시될 것이라고 예측하는 사람이 많았다. 그러나 재판이 마무리되고 사형 판결을 받은 자들에 대한 집행이 끝난 바로 다음날인 1948년 12월 24일, 스가모교도소에 구금돼 있던 또 다른 열일곱 명의 전범 용의자들은 모두 불기소처분과 함께 석방됐다.

풀려난 전범 명단

아베 겐키 安倍源基

1941~1943년 기획원 차장을 거쳐 스즈키 내각 내무대신 및
기획원 총재를 지냈다.

안도 기사부로 安藤紀三郎

1941년 대정익찬회 부총재를 지냈다. 1942년 도조 히데키
의 복심으로서 도조 내각의 무임소 국무대신이 된다. 1943
년 내무대신으로 취임했다. 전시에 국민통제를 강화하고,
사상 탄압을 진두지휘했다.

아모 에이지 天羽英二

1939년 주이탈리아 대사를 거쳐 1941년 외무성 사무차관을
지냈다. 도조 내각 당시에는 정보국 총재직을 역임했다.

아오키 가즈오 青木一男

1942년 도조 내각 최초의 대동아성대신이 돼 대동아회의·
대동아선언 등을 입안했다.

고토 후미오 後藤文夫

1940년 대정익찬회가 발족하자 부총재직 등 중요 직책을 역
임하고, 1943년 도조 내각의 국무대신을 지냈다.

혼다 구마타로 本多熊太郎

1940년 마쓰오카 외무대신에게 기용돼, 왕징웨이 汪精衛 정
권에서 난징 정부 대사로서 봉직했다. 1944년에는 도조 내
각의 외교 고문을 지냈다. 1948년 12월 18일 자살했다.

이시하라 고이치로 石原広一郎

말레이반도에서 광산 개발을 진행하고, 이를 통해 쌓은 부
로 오카와 슈메이의 신무회 神武会와 같은 우익 단체와 국가
주의운동을 지원했다.

이와무라 미치요 岩村通世

3차 고노에 내각 사법대신, 도조 내각 사법대신을 지냈다.

기시 노부스케

태평양전쟁 발발 당시 상공대신, 도조 내각 무임소대신을
지냈다. 제96, 97, 98대 총리를 지낸 아베 신조의 외할아버
지다.

고다마 요시오 児玉譽士夫

우익 활동가로서 일종의 정치 깡패였다.

구즈 요시히사 葛生能久

대아시아주의와 천황주의를 표방한 흑룡회를 결성한 인물
이다.

니시오 도시조 西尾寿造

1939년 육군 대장이 돼 신설된 지나파견군 총사령관에 취임했다.

오카와 슈메이 大川周明(1886~1957)

일본 지식인. 도쿄 전범재판에 기소된 유일한 민간인이다. 《일본역사독본 日本歷史讀本》 저자로서 황도사상을 고취했으며, 아시아에서 백색인종을 무력추방하려는 목적의 침략전쟁을 고취했다.

도쿄 전범재판에서 도조 히데키의 머리를 때리는 등 정신이상 행동과 횡설수설하는 모습을 보여 면소 처리돼 재판을 받지는 않았다.

사사카와 료이치 笹川良一

국수대중당의 총재로 1939년 이탈리아에서 무솔리니를 만나기도 했다. 1942년 대정익찬회로 중의원에 당선됐다.

스마 야키치로須磨弥吉郎

주스페인 대사(1941~1946)로서 스페인에서 미국과 관련된 정보를 수집했다.

다다 하야오多田駿

1935년 지나주둔군 사령관이 됐고, 북지나 치안공작을 수행했다. 1936년에는 11사단장이 됐고, 참모차장, 3군 사령관, 북지나방면군 사령관을 역임했고 1941년 육군 대장이 돼 군사참의관을 역임했다. 1948년 12월 16일 자살했다.

다카하시 산키치高橋三吉

1934년 연합함대 사령장관에 취임했다. 1936년 군사참의관이 됐고, 이후 흥아동맹 부총재가 됐다.

다니 마사유키谷正之

요나이 미쓰마사 내각에서 외무차관, 도조 내각의 정보국 총재였다. 1942년 도고 시게노리 외무대신의 사임 이후 외무대신이 됐다. 1943년에는 난징의 왕징웨이 정권에 부임하여 대사로서 일했다.

데라시마 겐 寺島健
태평양전쟁 발발 당시 철도대신이 됐다.

또 불기소 처리된 전범 용의자 가운데는 1956년 총리대신이 돼 죽을 때까지 일본 정치를 쥐락펴락한 기시 노부스케도 포함돼 있었다. 그는 일본의 우익화와 군사대국화를 이끌고 역사 왜곡에 앞장선 아베 신조의 외할아버지이기도 하다.

앞서 살펴본 것처럼 도쿄 전범재판은 여러 가지 아쉬움을 내포하고 있는 게 사실이다. 그렇지만 인류 역사의 분기점이 된 재판인 만큼 재판의 개최만으로도 큰 의의가 있다. 따라서 우리가 이 재판을 살펴보는 것은 과거를 이해하고 미래를 준비하기 위해서도 매우 중요한 일이다.

도 쿄 전 범 재 판 연 표

1945년 8월 10일   일본 정부 〈포츠담선언〉 수락 결정

　　　 8월 14일   천황 히로히토의 〈종전조서〉 발표

　　　 8월 15일   일본 정부, 연합국에 무조건 항복

　　　 9월 2일   도쿄만의 미주리함에서 일본과 연합국의 〈항복문서〉 조인식

　　　 9월 11일   연합국 총사령부 1차 전범 체포령

　　　 11월 19일   2차 전범 체포령

　　　 12월 2일   3차 전범 체포령

1946년 1월 1일   천황 히로히토의 인간선언[*]

　　　 1월 22일   총사령관 맥아더, 〈극동국제군사재판소 헌장〉(1월 19일 제정)을
　　　　　　　　　 포고

　　　 2월 15일   총사령관 맥아더, 아홉 명의 판사를 임명

　　　 3월 9일   연합군 총사령부, 일본의 전범재판 금지

　　　 3월 11~

　　　 4월 27일   전범재판 대상자 확정

　　　 3월 23일   이치가야 구 육군사관학교 대강당
　　　　　　　　　 개조 공사 완료

　　　 4월 26일   〈극동국제군사재판소 헌장〉 일부
　　　　　　　　　 개정(필리핀, 인도 대표 추가)

인간선언
천황이 신이 아닌 일개 인
간이라 선언한 것.

	4월 29일	A급 전범 스물여덟 명 피고인으로 정식 기소
	5월 3일	오전 11시 20분 도쿄 전범재판정 개정
		오후 법정에서 오카와 슈메이가 도조 히데키의 머리를 때리는 등 기행을 보임. 다음 날 오카와 슈메이는 정신병원에 입원돼 정신병이라고 진단받음
	5월 4일	기소장 낭독 종료
	5월 6일	변호사 기요세 이치로의 재판정 판사진에 대한 기피 신청
	5월 9일	전 외무대신 마쓰오카 요스케 결핵 악화로 병원으로 이송
	5월 13일	변호사 기요세 이치로 이의 제기
	6월 4일	수석검사 키넌 모두진술
	6월 13일	검사 측 입증 개시, 피고인들 주요 이력 낭독
	6월 27일	전 외무대신 마쓰오카 요스케 사망
	8월 16일	전 만주국 황제 푸이, 재판정에서 증언
	9월 19~	
	27일	일본·독일·이탈리아 삼국관계에 대한 검사 측 입증 개시
	11월 1~	
	27일	태평양전쟁에 대한 검사 측 입증 개시
1947년	1월 2일	법정 개시
	1월 5일	나가노 오사미 해군 대장 급성폐렴으로 급사
	1월 24일	검사 측 입증 종료, 1946년 6월 4일 수석검사 키넌의 모두진술에 따라 시작된 검사단의 입증은 공판 개정 169회, 출석 증인 104명(실제로는 아흔네 명), 제출된 서류 증거 2282건에 달함
	4월 9일	재판장 웨브, 오카와 슈메이의 심리 제외 선언
	6월 20일	변호 측의 입증 준비와 건강 이유로 6주간의 휴정 신청이 접수됐고, 이날로부터 8월 3일까지 휴정 인정
	6월 25일	재판장 웨브, 검사진과 변호인단을 소집하여 심리의 신속화를 요청하고, 연내 종료를 요청
	8월 4일	법정 재개
	8월 21일	일본 해군의 전쟁 준비, 남양군도 요새화 등에 대한 반증 시작

8월 26일	육군과 관련된 변호인단의 변론 시작	
9월 1일	기소된 스물여덟 명 이외의 A급 전범 용의자 스물세 명의 석방 발표	
9월 10일~		
12월 31일	변호인단의 일반 입증 종료, 개인 입증 시작	

1948년	1월 2일	법정 재개
	1월 6일	도조 히데키, 키넌 검사의 질문에 대해 "개전에는 천황의 의사는 없었다"라고 명확하게 답변하여, 천황의 전쟁 책임 문제 회피
	1월 8일	총사령관 맥아더, 재판장 웨브와 수석검사 키넌을 불러 천황 불기소 결정
	2월 10일	도쿄 전범재판 사실심리 종료
	2월 11일	키넌 검사의 최종 논고
	3월 2일	최종 논고 종료, 변호인 측의 최종변론 시작
	3월 11일	피고인 개인의 최종변론 시작
	4월 15일	개인 변론 종료, 도쿄 전범재판의 심리 종료
	11월 4일	도쿄 전범재판 판결문 낭독 시작
	11월 12일	A급 전범용의자 스물다섯 명에 대해 판결, 도쿄 전범재판정 폐정
	11월 24일	총사령관 맥아더, 도쿄 전범재판정의 형 집행 승인
	12월 21일	총사령관 맥아더, 이틀 후에 사형수의 형 집행 명령
	12월 23일	오전 0시 1분부터 스가모교도소에서 교수형 판결받은 피고인 일곱 명 형 집행
	12월 24일	기시 노부스케 등 다른 A급 전범용의자 열아홉 명 석방 발표

참 고 문 헌

재판 관련 기본 자료

• 일본에서는 도쿄재판과 관련된 무수히 많은 자료와 연구서, 관련 인물들의 회고록 등
이 출간됐다. 대표적인 자료집으로는 마쓰모토 나오토시松元直蔵 편역, 야마모토 마사
히로山本昌弘 요약, 사카사이 사치에逆井幸江 번역 협력,《극동국제군사재판심리요록
極東國際軍事裁判審理要錄》, 원서방, 2013이 있다.

• 중국에서는 도쿄재판문헌총간행위원회東京审判文献丛刊委员会가 엮은《원동국
제국사법정정심기록远东国际军事法庭庭审记录: Transcripts of the Proceedings of
the International Military Tribunal 》이 상해교통대학교출판부와 국가도서관출판사
에서 출간됐다.

• 영어권 자료로는 R. John Pritchard가 책임 편집한 The Tokyo Major War Crimes
Trial: The Records of the International Military Tribunal for the Far East 시리즈가
1987년부터 발간돼 총 124권으로 출간됐다. 그 대략적인 내용은 다음과 같고, 이 책에서
주로 활용한 자료는 굵은 글씨로 표시했다.
1권, 재판소 설치 관련
2권~36권, 검사 측 주장 입증 단계(1946년 4월 29일~1947년 1월 24일)
37권~77권, 변호사 측 주장(1947년 2월 24일~1948년 1월 12일)

78권~80권, 검사 측 반증 단계(1948년 1월 12일~1948년 1월 30일)

81권, 변호사 측 재반론(1948년 1월 30일~1948년 2월 10일)

82권~87권, 검사 측 최종변론(1948년 2월 11일~1948년 3월 2일)

88권~99권, 변호사 측 최종변론(1948년 3월 2일~1948년 4월 15일)

100권, 변호사 측 최종변론에 대한 검사 측 답변(1948년 4월 16일)

101권, 최종판결(1948년 11월 4일~1948년 11월 5일)

102권, 최종판결(1948년 11월 8일~1948년 11월 10일)

103권, 최종판결, 평결 및 형량(1948년 11월 11일~1948년 11월 12일)

104권, 재판 부속자료

105권~109권, 소수의견

110권~113권, 판사 내 의견

• 〈극동국제군사재판소 헌장〉과 최종판결 등은 Neil Boister and Robert Cryer, *Documents on the Tokyo International Military Tribunal*, Oxford University Press, 2008에 수록돼 있다.

국내 자료

가토 기요후미 지음, 안소영 옮김,《대일본제국 붕괴: 1945년 일본의 패망과 동아시아》, 바오, 2010

공준환,〈해방된 전범, 붙잡힌 식민지〉,《사회와 역사》112, 2016

극동국제군사재판소 엮음, 김병찬·송연지·강신우·서라미 옮김,《A급 전범의 증언: 도쿄 전범재판 속기록을 읽다, 도조 히데키 편》, 언어의바다, 2017

다나카 히로시 외 지음, 이규수 옮김,《기억과 망각: 독일과 일본, 그 두 개의 전후》, 삼인, 2000

메이루아오 지음, 신진호·탕쿤 옮김,《도쿄전범재판: 중국 대표 법관의 미완성 기록》, 민속원, 2019

박원순,《아직도 심판은 끝나지 않았다》, 한겨레신문사, 1996

신희석,〈제1차 세계대전과 제2차 세계대전 이후의 전범재판: 평화와 인도에 반한 죄의

탄생〉,《서울국제법연구》22-2, 2015

아사히신문 도쿄 재판기자단 지음, 노병식 옮김,《도쿄 재판》상~하, 태종출판사, 1983

우쓰미 아이코·무라이 요시노리 지음, 김종익 옮김,《적도에 묻히다: 독립영웅, 혹은 전
　　　범이 된 조선인들 이야기》, 역사비평사, 2012

호사카 마사야스 지음, 정선태 옮김,《도조 히데키와 천황의 시대: 광기의 시대와 역사에
　　　휘말린 초라한 지도자의 초상》, 페이퍼로드, 2012

호사카 마사야스 지음, 정선태 옮김,《쇼와 육군》, 글항아리, 2016

황허이 지음, 백은영 옮김,《도쿄대재판: 도쿄전범재판의 전말을 통해 일본 보수 우익의
　　　원류를 밝힌다》, 예담, 1999

찾아보기